AF542189

Sabine Kühn & Ulla Knoll

Harmonisieren von Wohn- und Arbeitsräumen

Sabine Kühn & Ulla Knoll

Harmonisieren von Wohn- und Arbeitsräumen

Methoden zur energetischen Hausreinigung

SILBERSCHNUR VERLAG

ISBN: 978-3-89845-620-3
1. Auflage 2019

Fotos: Sabine Kün
Gestaltung & Satz: XPresentation, Güllesheim
Umschlaggestaltung: XPresentation, Güllesheim; unter Verwendung verschiedener Motive von © PlusONE und © fotoali; www.shutterstock.com
Druck: Finidr, s.r.o. Cesky Tesin

Verlag »Die Silberschnur« GmbH · Steinstr. 1 · 56593 Güllesheim
www.silberschnur.de · E-Mail: info@silberschnur.de

Inhalt

Einführung

Wenn Sie zu diesem Buch greifen, dann ist es sicher Ihr Bestreben, mehr Wohlbefinden, Ruhe und Harmonie in Ihre Wohn- oder Arbeitsräume einziehen zu lassen. Eine energetische Reinigung kann Sie auf jeden Fall dabei unterstützen, und unter Berücksichtigung spiritueller Gesetzmäßigkeiten wird sie nachhaltiger und intensiver sein, als Sie es sich jemals hätten träumen lassen.

Vielleicht können Sie Ihr Unwohlsein direkt benennen, vielleicht ist es eher subtil. Ganz sicher sind Sie aber auf der Suche nach Lösungen oder Impulsen. Wir bieten in unserem Buch Lösungen an. Sie basieren auf der Grundlage spiritueller Gesetzmäßigkeiten und entsprechen unseren persönlichen Interpretationen und Ansichten. Dies erfordert, dass Sie bereit sind, für alles, was Ihnen begegnet, uneingeschränkt die Verantwortung zu übernehmen, neue Sichtweisen zuzulassen und in die eigene Kraft und Stärke zu gehen. Das ist oft gar nicht so einfach, aber sehr befreiend und lebensbejahend, wenn man es Stück für Stück schafft. Wir kommen raus aus der Opferhaltung und gehen rein in die Schöpferkraft. Wir werden selbst zu einem Transformator, mit oder ohne Hilfsmittel.

Nehmen Sie sich aus dem Buch das heraus, mit dem Sie konform gehen können. Sollten Sie in verschiedenen Aspekten anderer Ansicht sein, dann dürfen Sie das. Unsere Wahrnehmung ist so unterschiedlich, wie wir Menschen eben verschieden sind. Wir geben Ihnen unsere Wahrnehmungen, Methoden und Ansichten weiter, wollen aber niemandem unsere Meinung aufzwingen oder darauf bestehen, dass sie geteilt wird.
Es gibt bereits zahlreiche Titel zu dem Thema auf dem Markt. Manchen Grundgedanken schließen wir uns an, zu anderen können wir unter Berücksichtigung spiritueller Ansätze keinen Zugang finden. Worauf wir hier abzielen, wird in den späteren Kapiteln und unseren Beispielen noch deutlich werden.

Meist sind unsere Kunden auf der Suche nach einer Haus- beziehungsweise Raumreinigung, wenn sie in eine neue Wohnung oder ein neues Haus ziehen, jemand in diesen Räumen krank war oder sogar verstorben ist. Häufig entsteht dann das Bedürfnis, Reinigungsrituale durchzuführen. Aber auch immer mehr Immobilienmakler greifen in letzter Instanz zu solchen Diensten, wenn sie eine Immobilie einfach nicht vermarktet bekommen, ohne dass es einen ersichtlichen Grund dafür gibt.

In vielen Fällen haben wir schon erlebt, dass nur eine Technik der Hausreinigung nicht ausreicht oder sie sogar ein paar Mal wiederholt werden muss. Sie finden einige Ansatzpunkte im Buch, die Sie nach Gefühl miteinander kombinieren können. Eine allgemeingültige Regel ist schwer festzulegen, da Energien immer individuell sind und kaum vergleichbar.

Bei allen Ritualen sind immer die Bewohner in den Prozess involviert. Das heißt, auch deren Energien werden mit einbezogen. Was das genau heißt, zeigen wir Ihnen später an unseren Beispielen.

Auch wenn Sie am liebsten gleich mit Ritualen und Techniken beginnen möchten, empfehlen wir Ihnen, das Buch im Ganzen zu lesen – und vor allem von Anfang an bis hin zu den Ritualen. Sonst machen Sie sich eventuell die Mühe, zu räuchern und zu reinigen, ohne am Ende die erwünschte Wirkung zu erzielen. Um nachhaltige Veränderungen erzielen zu können, ist ein Verständnis für das GROSSE GANZE nötig, das wir an zahlreichen Beispielen beschreiben werden.

Im nächsten Kapitel folgen ein paar Grundlagen, auf die wir uns mit allen Techniken immer wieder beziehen werden. Anhand von Beispielen möchten wir Ihnen diese Grundlagen näherbringen, damit Sie besser verstehen können, worauf wir abzielen.

I. Allgemeiner Teil

Was Sie wissen müssen

Alles ist Schwingung – und alles ist Energie

Einsteins Relativitätstheorie beinhaltet zusammengefasst die Aussage, dass es keine feste Materie gibt. Sie ist nur ein Ausdruck verdichteter Energie. Die Quantenphysik hilft uns bei der Erklärung dieses Phänomens. Quanten sind kleinste Teilchen, die nicht weiter teilbar sind. Sie folgen ihren eigenen Regeln, und ihr Verhalten kann durch Bewusstsein beeinflusst werden.

So ist alles im Universum Schwingung beziehungsweise Energie. Energie wirkt sich mit ihren unterschiedlichen Schwingungswellen auf Zellen aus. Aus fernöstlichen Kulturen kennen wir Begriffe wie Prana oder Chi als Beschreibung von Energie oder des Energieflusses in Lebewesen. Ist unsere innere und äußere Energie der Energie des Universums angepasst, dann leben wir im Einklang. Es geht uns gut. Das bedeutet, dass unser Körper Schwingungen bewusst oder unbewusst wahrnimmt und darauf reagiert, wobei wir umso stärker darauf reagieren, je sensitiver wir sind.

Schwingungen entstehen ständig und überall. Jeder Gedanke, jedes Wort, jede Handlung lassen Schwingungsmuster entstehen. Genauso bilden Gesänge und Musik Schwingungen, aber auch Gegenstände. Alleine das Betrachten eines Gegenstandes löst in uns Empfindungen aus und damit Schwingungen. Manche empfinden wir als bereichernd, andere als energieraubend.
Raumenergie entsteht und verändert sich nun durch Schwingungen wie Bewegungen im Raum oder durch das, was wir gerade gelesen haben. Durch Worte, die gesprochen werden, und Gedanken, die gedacht werden. Auch Gefühle und Emotionen manifestieren sich als Raumenergie, als Atmosphäre.

Denken Sie als Veranschaulichung an einen Besuch im Krankenhaus. Waren Sie danach müde, matt und hatten Sie vielleicht sogar Kopfschmerzen? Das ist Raumenergie! Sorgen, Schmerzen, Leid, Angst, Nervosität und Ungewissheit sind unter anderem die Energien, die wir in Krankenhäusern spüren. Gedanken und Ahnungen »liegen in der Luft«. Sogar das Atmen fällt hier vielen Menschen schwer. Man kann schon einen Unterschied spüren, wenn man beispielsweise von der chirurgischen Abteilung auf die Neugeborenenstation geht. Es verändert sich etwas. Das, was sich verändert, ist die Raumenergie. Bei den Babys herrscht Freude, Stolz, Neugierde. Hier dominiert das Thema »willkommen im Leben«.

Ein weiteres Beispiel ist der Weihrauch, der vor allem in der katholischen Kirche zur Anwendung kommt. Er soll negative Energien vertreiben. Ebenso sind Kirchen ein Ort der Ehrfurcht und Kontemplation. Betreten wir eine Kirche, so spüren wir ganz bewusst diese »besondere« Energie. Wir reden mit gedämpfter Stimme und laufen langsam und bedächtig. Ein Ort der Einkehr für den »Blick nach innen«.

Die Kraft des Rauches

Wir gehen zu Beginn des Buches schwerpunktmäßig auf die Kraft des Rauches ein, da das Räuchern zu den bekanntesten und vielseitigsten Hilfsmitteln zur Raumreinigung gehört. Später werden wir aber auch noch auf andere Hausreinigungsmöglichkeiten zu sprechen kommen.

Räuchern ist in vielen Kulturen und Religionen Tradition. Entstören oder reinigen wir Häuser oder Wohnungen, so zeigen sich nicht nur Wasseradern, Elektrosmog oder Verwerfungen, sondern auch die Energien von Menschen, die früher einmal in diesen Häusern gewohnt und gelebt haben.

In Thailand gibt es beispielsweise den Brauch, dass, immer wenn ein Haus gebaut wird, der Bauherr zunächst den Geistern, denen dieser Grund und Boden gehört, ein Opfer darbringt. Es wird dabei mit Räucherstäbchen geräuchert, und auf dem Grundstück wird ein sogenanntes »Geisterhäuschen« aufgestellt, gut sichtbar in der Nähe des Hauses. Das ist eine Art Tempel im Miniformat. Hier werden täglich Essen und/oder Getränke deponiert, um den Geistern ein Opfer zu bringen und sie gütig zu stimmen. Schließlich hat man sich auf ihrem Grund und Boden breitgemacht. Anfangs wunderte ich mich über die Teller mit Reis und Gemüse oder Obst und die Flasche Bier im Geisterhäuschen; dann verstand ich: Die Geister sollen nicht hungern und keinen Durst leiden. Sie sollen satt sein und zufrieden. Es wird sich weiterhin um sie gekümmert.

Hier in Deutschland kennen wir solche Bräuche nicht. Leider. Wir nehmen uns das Land und bauen Häuser, die wir nach unserem Geschmack gestalten. Hier wird dann von bösen Geistern gesprochen, die noch im Haus sind und vertrieben werden müssen. Sie stören und gehören nicht dahin. Wenn Sie die Gabe haben, mit diesen Wesen Kontakt aufnehmen zu können, dann werden Sie erfahren, dass sie nichts Böses wollen. Oft haben sie einfach noch etwas zu erledigen, wollen noch etwas sagen, suchen ihre Familie oder kommen aus einer ganz anderen Welt und haben einen Auftrag zu erfüllen.

Allein unsere Einstellung, dass alles Fremde erst einmal böse ist und uns ganz und gar nichts Gutes will, hindert uns auch im Hinblick auf Parallelwelten und Fremdenergien

daran, geistig zu wachsen. Wir verbauen uns jegliche Chance, indem es unser erstes Bestreben ist, diese Wesen oder Geister sofort loszuwerden, sie zu vertreiben. Aber haben sie denn kein Recht, hier zu sein? Wer hat uns das Recht gegeben, dass wir entscheiden, wer bleiben darf und wer nicht? Ist es nicht vielmehr so, dass wir mit dem Gedanken an das »Böse« genau dieses »Böse« erst erschaffen? Warum sind denn unsere Ahnen »böse Geister« – nur weil sie *ihr* Haus noch nicht verlassen wollen? Was uns in letzter Zeit immer mehr auffällt, ist der Verlust an Respekt füreinander. Wenn wir nicht einmal die Lebenden, die, die uns nahestehen, respektieren, wie wollen wir dann die Toten ehren?
Trotzdem gibt es auch in diesem Bereich störende Energien, die das Leben in den Häusern schwer machen können. Doch können diese Wesen endlich loswerden, was ihnen so lange sprichwörtlich auf der Seele brennt, dann kehrt in den Räumen Ruhe und Harmonie ein. Die gesamte Energie ändert sich spürbar. Eine Leichtigkeit erfüllt die Räume und macht das Atmen leichter. Das »komische Gefühl«, das die Bewohner hatten, ist nicht mehr da.

Besonders zu Weihnachten und Sylvester wird ebenfalls gerne geräuchert: Das neue Jahr wird begrüßt, Vergangenes löst sich im Rauch auf. Die Tradition des Räucherns ist dabei weit zurückzuverfolgen. Vor Jahrtausenden haben die Kelten bereits zu spirituellen Zwecken geräuchert. Es gibt kaum eine Kultur, in der nicht geräuchert wurde bzw. noch immer geräuchert wird. Vorwiegend kam früher Fichtenharz zum Einsatz, auch bayrischer Weihrauch genannt, der für seine keimtötende Wirkung bekannt ist, weshalb es in der Naturheilkunde immer wieder angewandt wird. Weihrauch kommt auch immer wieder zur Reinigung in Krankenzimmern zur Anwendung. Nach dem Räuchern riecht der Raum erfrischt und rein, die Luft ist gereinigt. Ebenso vertreibt das Räuchern negative Energien wie Müdigkeit und gibt uns mehr Mut, unsere Probleme anzugehen. So sollten Räume, in denen viel diskutiert wird, viel gerechnet und kalkuliert wird, wo es um Zahlen, Konten und somit um Sicherheit geht, immer wieder geräuchert werden. Das Denken bleibt dann klar und leicht.

Das Räuchern wirkt auf zwei Sinne, den Geruchssinn und auf das Fühlen. Gehen wir zunächst auf das Riechen ein. Der Geruchssinn ist der komplexeste der chemischen Sinne; er wird gerne unterschätzt, obwohl er wesentlich ist. Schon in den ersten Stunden nach der Geburt, wenn das Baby noch nicht sehen kann, findet es die Mutterbrust, die Nahrungsquelle, durch den Geruchssinn. Das lässt uns erkennen, dass das Riechen sehr stark mit dem Fühlen zusammenhängt. Am meisten lassen wir uns als Baby und Kleinkind durch unsere Gefühle leiten, später dann spielt unser Kopf dabei eine große Rolle.

Das Riechen ist eine so wichtige Körperfunktion, dass wir zwei Riechsysteme haben. Sollte das eine ausfallen, so haben wir immer noch ein Ersatz-Riechsystem. Das eine ist das olfaktorische System, bestehend aus zwei Schleimhäuten im oberen Nasenbereich. Hier werden sowohl Duftstoffe der Atemluft als auch die von Nahrung wahrgenommen. Das zweite ist das trigeminal-nasale System. Wie der Name schon sagt, wird es vom Trigeminusnerv gebildet und nimmt grobe Geruchsreize wie Rauch, Menthol und Säuren auf und schützt uns so davor, Gifte aufzunehmen oder Ungesundes. Obwohl der menschliche Geruchssinn weniger stark entwickelt ist als der von Tieren, können wir, genau wie beim Hören, Geruchsspuren verfolgen.

Auf dem Riechen basiert auch die wohl häufigste Art der energetischen Reinigung von Wohnungen und Gebäuden: das Räuchern. Johanniskraut, Salbei, Minze, Königskerze, Wacholder und Beifuß sind nur einige unserer heimischen Kräuter, mit denen wir sehr gerne räuchern. Geräuchert wird mit Kräutern und Harzen, die möglichst regional sein sollten, denn Kräuter und Harze sind stark mit der Erde verbunden und speichern nicht nur deshalb die Energie des Herkunftslandes. Die Kräuter unserer Gegend sind hier gewachsen, sie gehören deshalb hierher, sind mit diesem Fleckchen Erde verwurzelt und verbunden. Sie gedeihen in dieser einzigartigen Atmosphäre und wachsen gut. Das heißt, sie sind eins mit der ganzen Natur und den Gegebenheiten. In einzelnen Fällen greifen wir auch zu ausländischen Kräutern. Das sind Ausnahmen, und wir verlassen uns auf unser »Gefühl«, dass hier »etwas anderes« zum Ansatz kommen muss. Doch sollten Sie hier die Augen offen halten, denn auch Herstellung und Vertrieb spielen eine ausschlaggebende, beeinflussende Rolle bei der Qualität der Kräuter. In Indien zum Beispiel ist Kinderarbeit Normalität. Die vorherrschende Energie in diesem Land ist der Mangel, und so bringen wir die Energie des Mangels mit den Räucherartikeln zu uns nach Hause, zudem noch Angst, Trauer, Verzweiflung und vielleicht auch Wut und Zorn.

Ein Nebeneffekt des Räucherns: So wie bei einer Weinprobe durch das Essen von Brot zwischen den einzelnen Weinen der Geschmackssinn neutralisiert und wieder für die neuen Nuancen geöffnet wird, so befreit das Räuchern Räume von darin stehenden Gerüchen – und den dazugehörigen Schwingungen.

Nun wollen wir auf das Fühlen eingehen: Nach dem Räuchern fühlt sich die Raumatmosphäre frisch, sauber, rein und vor allen Dingen leicht an. Leichtigkeit verbinden wir mit Freude, Glück, Frieden und Harmonie. Diese Empfindungen machen sich nach dem Räuchern in unserem Körper breit und lassen uns die Schwere des Alltags vergessen.

Wissenschaftliche Untersuchungen haben ergeben, dass der Mensch ungefähr 1 Billion Mischungen von Riechstoffen kennt. So erinnern wir uns durch das Riechen an Ereignisse oder an bestimmte Personen: das Parfum der Mutter, der frisch gebackene Apfelkuchen der Oma, der Geruch eines Babys. Wenn wir jemanden »nicht riechen« können, dann erübrigt sich die Frage, was das wohl bedeutet. Das alles beschreibt, wie eng das Riechen mit dem Fühlen verbunden ist.

Warum »spirituelle Reinigung«?

Wir nennen unsere Art des Räuchern, des Reinigens, »spirituelle Reinigung«. Spirituell ist für uns das, was von innen kommt: unsere innersten, tiefsten Werte und unser innerstes, tiefstes Wissen. In früheren Zeiten, als die Technik noch nicht Einzug gehalten hatte, haben die Menschen sich auf ihre Gefühle verlassen – man kann auch sagen: Sie mussten sich auf ihre Gefühle verlassen. In ländlichen Gegenden ist das bis heute so geblieben. Jeder kennt diese Szene, wenn Urlauber im Gebirge früh morgens zu einer Wanderung aufbrechen. Es herrscht strahlender Sonnenschein, nicht eine Wolke ist am Himmel zu sehen. Doch der Bauer steht plötzlich vor ihnen und rät, nicht so weit zu gehen, denn es werde ein heftiges Gewitter kommen. Manchmal kann er sogar die Zeit vorhersagen. Er spürt das nahe Gewitter in seinen Knochen, in seinen

Händen oder er hat einfach »dieses Gefühl«. So ist es nur verständlich, dass ganz andere Methoden zur Anwendung kamen. Man berief sich auf altes, überliefertes Wissen, auf Rituale und auf die Kraft der Elemente. Man hatte Achtung vor der Natur, denn ihr stand Wissen zur Verfügung, das der Mensch nur zu einem geringen – sehr geringen – Teil kannte und das ihm bis heute verborgen bleibt.

Was wir damit sagen wollen, ist, dass wir uns bei unserer »spirituellen Reinigung« auf unser altes Wissen bzw. den Teil, zu dem wir (wieder) Zugang erhalten haben, beziehen und damit arbeiten. Wir haben eine Richtung gewählt, die uns wieder mit altem Wissen, der Weisheit der Generationen verbindet. Um diese Idee herum hat unsere Arbeit ihren Ursprung, ihre Prägung und ihr Fortbestehen. Dieses alte Wissen nährt unsere Ideen. Für manchen Leser mag das ein Rückschritt sein. Ihm möchten wir einen Satz mit auf den Weg geben, der uns in einem Channeling geschickt wurde: »Rückwärts ist vorwärts – nur in eine andere Richtung.«

Zunächst erschien uns dieser Satz belanglos, ja fast lächerlich. Heute haben wir seine immense Tiefgründigkeit und Wahrheit erkannt. Mit diesem »Rückschritt« erinnern wir uns wieder unserer tiefsten Werte wie Harmonie, Respekt, Menschlichkeit, Höflichkeit, Wertschätzung, Hilfsbereitschaft, Verständnis und Liebe. Wir bewegen uns damit zum Miteinander und lassen das Gegeneinander, das in der Welt die Herrschaft übernommen hat, hinter uns.

Wir sind spirituelle Wesen in einer menschlichen Erfahrung. Wir sind Energie, die sich in einem Körper, in Seele und Geist ausdrückt.

Die Energie im Raum

Unsere Gefühle sind Energie, die in uns existiert und die ausstrahlt; es ist eine Energie, die wir vermehren. Unser Zentrum und das Zentrum unserer Energien ist unter anderem unsere Wohnung. Hier sind alle Energien vorhanden – in welchem Maß, das bestimmen wir, ob uns das bewusst ist oder nicht.

Wir alle kennen das Gefühl, in einen Raum zu kommen und plötzlich so ein »komisches Gefühl« zu haben. Schauen Sie sich dieses Gefühl näher an. Was ist es? Was fühlen Sie? Ein Beispiel für das, was wir meinen, sind die oben bereits erwähnten Kirchen, Tempel und Pagoden. Beobachten Sie die Menschen in diesen Gebäuden. Fällt Ihnen auf, dass nur leise, ja fast flüsternd gesprochen wird? Dass eine gewisse Ehrfurcht im Raum liegt? Dass Menschen sogar leise laufen? Das ist die Raumenergie, von der wir sprechen. Gerade in Gebäuden, in denen viele Menschen mit den verschiedensten Emotionen und Gefühlen zusammenkommen, kann man die Energien spüren, die nach außen wirken, die uns beeinflussen.

Es ist wichtig zu wissen, dass Streitgespräche, Auseinandersetzungen, Beleidigungen und Erniedrigungen genauso Energien sind wie ein Lob, Bewunderung oder Zärtlichkeit. Diese Energien bleiben in den Räumen, und unser Unterbewusstsein nimmt sie immer wieder wahr.

Viele Menschen haben zu Hause eine Abstellkammer bzw. eine Rumpelkammer. Keinem käme es in den Sinn, sich dort hineinzusetzen, um gemütlich ein Buch zu lesen. Warum? Weil die Atmosphäre ungeordnet und ungemütlich ist – die Energien in diesem Raum sind in Unordnung, weswegen wir uns nicht wohlfühlen und entspannen können.

Betrachten wir die energetische oder die spirituelle Welt, dann müssen wir wissen: Hier gibt es weder Zeit noch Raum, weder Gut noch Böse, kein Positiv, kein Negativ. Alles ist Energie – aber ohne Wertung. Wir prägen den Energien quasi erst unseren Stempel auf durch das, was wir denken und vor allem fühlen. Genau das, was wir mit unseren Gedanken und Emotionen aussenden, wird übrigens auch wieder zu uns zurückkehren, denn Energien ziehen das an, worauf sie konzentriert werden. Und – Sie erraten es schon – diese Energien »leben« dann in unserem Umfeld, in unseren Räumen und bestimmen die Atmosphäre darin. Neue, ausgleichende Energien im Raum beeinflussen unser Denken und lenken es zum Beispiel aus dem Mangel zurück in die Fülle. Auf Seite 71 ff. beschreiben wir passendes Räucherwerk dazu.

Der Einfluss unserer Gefühle, Emotionen und Gedanken

Die Energien, die um uns herum sind, beeinflussen unsere Gefühle, Emotionen und unser Denken. Das bedeutet: Mit unseren Gedanken erschaffen wir unsere Welt. Es ist also sehr wichtig, nicht nur Gedankenhygiene zu betreiben, sondern auch die uns umgebenden Energien zu reinigen und zu beruhigen.

Das Durchleben von Trauer, Wut, Zorn, Angst, Sorgen und Ablehnung wird durch äußere Energien genauso beeinträchtigt wie Dankbarkeit, Ruhe, Gleichmut, Frieden und Liebe. Unsere Gefühle sind sehr umfangreich und breit gefächert. Eines haben sie aber alle gemeinsam: Sie wollen gefühlt werden. Das heißt, sie wollen gesehen, akzeptiert und gelebt werden. Nur dann, wenn wir sie leben, halten wir die Balance in unserem Leben. Nur dann sind wir in Harmonie mit uns selbst.

Hierbei müssen wir bedenken: Das, was uns im Fernsehen gezeigt wird, was wir in Zeitungen lesen oder im Radio hören, bestimmt unsere Welt, in der wir leben – weil wir uns damit auseinandersetzen, darüber nachdenken, Gefühle haben zu den Meldungen, was jeweils die Energien, die damit verbunden sind, verstärkt sowie neue, ähnliche generiert. Dieser Einfluss darf keinesfalls unterschätzt werden, wenn wir bedenken, dass eine Schlagzeile mit Themen wie Kampf, Mord, Unfall, Verletzung und Tod mehr Leser anspricht als die mit Themen wie Natur, Harmonie, Respekt und Achtung, die weniger Aufmerksamkeit und damit auch weniger Energie bekommen. Daran kann man ablesen, in welche Richtung die Menschheit geht, und es verwundert nicht mehr, dass der heutige Zustand unseres Planeten Erde so ist, wie er ist. Es liegt an uns, an Ihnen und an mir, eine Änderung herbeizuführen. Einen erheblichen Beitrag dazu kann das Räuchern und Reinigen leisten. Helfende Kräuter hierzu haben wir auf Seite 72 f. aufgelistet.

Nur energetisch reinigen reicht nicht!

Mit einer spirituellen Hausreinigung, dem feinstofflichen Reinigen, kann Altes abgeschlossen werden und eine neue, ruhige Atmosphäre wird geschaffen. Diese Ruhe wirkt sich auf unser ganzes Handeln und Denken aus und bringt neue Perspektiven!

Nehmen wir eine energetische Hausreinigung vor, so spielen für uns viele Aspekte eine Rolle. Der Wohnraum sollte erst einmal geputzt und aufgeräumt werden. Es gibt nichts Befreienderes als einen Hausputz und eine Aufräum-/Ausmistaktion. Die beste energetische Hausreinigung verpufft schnell wieder, wenn unnötige »Altlasten« im Haus verbleiben. Kann sich jemand von nichts trennen und hebt alles auf, so leidet er unter Ängsten, die man individuell genauer betrachten sollte, denn Angst ist eine niedrig schwingende und kräftezehrende Energie. Ist jemand unmotiviert, seinen Besitz oder sein Umfeld sauber zu halten, so kann dies ein Hinweis auf ein Gefühl der Wertlosigkeit, auf Lethargie, auf eine beginnende Depression und vieles mehr sein, was ebenfalls niedrig schwingende Energien erzeugt. Das heißt, der Bewohner erzeugt andauernd unbewusste Energiefelder, die es zu reinigen gilt, und kommt aus seinem Teufelskreis vielleicht nicht raus. Daher führen wir hier eingangs mehrere Beispiele auf, die zeigen, warum eine gewisse Grundsauberkeit und Grundordnung wichtig sind. Damit meinen wir nicht, dass nach einer Woche nicht auch mal ein paar Staubmäuse herumliegen dürfen oder man ein paar Krümel irgendwo liegen hat, weil man schnell aus dem Haus musste oder seit dem letzten Hausputz ein paar Tage vergangen sind. Auch Haustierbesitzer werden uns zustimmen, dass man nicht alles immer nur im Bestzustand halten kann. Es muss nicht steril oder akribisch geputzt und aufgeräumt sein, das ist damit nicht gemeint! Jeder Mensch kann Zeiten erleben, in denen er Prioritäten anders setzen muss und mal Dinge liegen bleiben, die gerade nicht lebensnotwendig sind. Ist es aber zur arg, dann sollte der energetischen Hausreinigung unbedingt eine reale vorausgehen. Ist die abgeschlossen, kann man zum »Feintuning« übergehen.

Verflixte Energie – es ist gar nicht so einfach

Hier wird es jetzt erst richtig interessant und individuell, denn die Bedürfnisse an eine spirituelle energetische Hausreinigung sind so verschieden wie wir Menschen auch.

Alles, was in den Wohnräumen geschieht, ist und bleibt energetisch vorhanden. Energie geht nie verloren! Wir kreieren in jedem Moment Energien durch unsere Taten, Gedanken und Gefühle – gute wie weniger gute. Wir erzeugen permanent (und nicht nur wir, sondern auch die Menschen, die vor uns auf dem Grundstück oder in der Wohnung gewirkt haben) Energiefelder, die so lange bestehen bleiben, bis sie transformiert werden. Im Positiven sind das Energien, die wir uns alle wünschen, im anderen Fall werden wir zur Hausreinigung gerufen. Handelt es sich um Energien, die wir als niedrig schwingend bezeichnen, dann sind sie aus

Neid, Gier, Hass, Missgunst, Eifersucht, Angst und so weiter entstanden. Liebe, Mitgefühl, Mut, Hingabe oder Vertrauen transformieren diese Energien.

Haben wir in unserem Zuhause ungute Gefühle, sollten wir uns auch fragen, ob wir innerlich (meist unbewusst) einen Bezug zu diesen Energien (unserer Vorgänger) haben und sie vielleicht sogar selbst aussenden und damit verstärken.

Wir beide arbeiten für Hausreinigungen oft zusammen, da die Wahrnehmung sehr subjektiv ist und jeder seinen Schwerpunkt in der Wahrnehmung hat. Die objektiven Dinge, die mit dem physischen Auge wahrnehmbar sind, sind nicht das Problem, die nehmen wir beide in gleichem Maße wahr. Je nach Wohnraumgröße oder Grundstücksgröße ist die Einstimmung auf die feinen Energien, die lokalisiert werden sollen, aber kräftezehrend, da wir uns eben in diese »schwächenden Energien« einstimmen müssen. Es hat sich bewährt, sich gegenseitig in bestimmten Fällen zu unterstützen und so den Erhalt der eigenen Energie zu gewährleisten.

Um Sie ein wenig neugierig zu machen, haben wir eine Reihe von Fallbeispielen zusammengetragen, anhand derer wir Ihnen auch die spirituellen Gesetzmäßigkeiten erklären. Im Praxisteil stellen wir Ihnen dann verschiedene Raumreinigungsrituale vor, die wir persönlich mit Erfolg nutzen.

Fallbeispiele aus unserer Praxis

Wir haben eine Kundin, bei der wir schon mehrfach geräuchert haben, denn sie erhofft sich damit den Durchbruch in ihrem Leben. Wenn bestimmte Personen bei ihr waren oder ein längerer Zeitraum verstrichen ist, hat sie immer das Gefühl, dass mit ihrer Wohnung etwas nicht in Ordnung ist.

Wir räucherten beide mit weißem Salbei, wobei der von Ulla aus der hiesigen Region war. An manchen Stellen wollte das Räucherwerk einfach nicht abbrennen, es ging schlicht aus. An diesen Stellen lagerten Schriftsätze und vieles mehr von genau den Personen, die die Dame nicht mochte, oder von Geschäftsaktivitäten, die nicht den erwünschten Erfolg brachten. Erst nach einiger Zeit loderte unser Räucherwerk, und sie fühlte sich auch wohler in ihren Räumlichkeiten.

Doch dann muss sie irgendwo gelesen haben, dass der hiesige Salbei angeblich nicht so stark sei, und zweifelte die Räucherzeremonie und ihre Wirkung an. Die Dame ist generell sehr wankelmütig, oft unentschlossen, häufig hin- und hergerissen. In ihren Räumen sind die Zweifel, der Missmut, Ängste präsent. Es ist ihre Energie, jedoch projiziert sie diese auf andere Personen, die die gleichen »Makel« haben wie sie, da sie den Spiegel und die Resonanzen bei sich noch nicht erkennen kann. Alles, was sie an ihrem Geschäftspartner kritisierte, lebte sie selbst, aber in anderen Lebensbereichen. Es waren Bereiche, die nichts mit dem Geschäftspartner zu tun hatten. Als Außenstehende erkannten wir das Energiesystem sehr schnell. Wenn jemand jedoch nicht bereit ist, sich einmal selbst in Frage zu stellen und sein Energiesystem unter Beachtung von spirituellen Gesetzmäßigkeiten zu durchleuchten, werden immer wieder Hausreinigungen – ohne nachhaltigen Erfolg – notwendig sein.

In einem anderen Fall wurden wir auf einen Hof gerufen. Unter anderem hatte unsere Auftraggeberin Eheprobleme, dazu lief die Firma ihres Mannes nicht gut. Auch mit den Kindern gab es diverse Herausforderungen und sie erhoffte sich eine Besserung durch unsere Hausreinigung.
Wirklich gereinigt haben wir dort nicht. Dort waren ganz andere Handlungen nötig, um Harmonie ins Haus zu bekommen. Es fiel uns beiden auf, dass es einfach nicht wohnlich war. Nichts, was eine weibliche Energie ausmachte,

war zu finden. Hier war einfach erst einmal Dekoration notwendig, um Weiblichkeit und Wärme ins Haus zu holen. Das Schlafzimmer glich beispielsweise einer Abstellkammer, obwohl gerade ein Schlafzimmer Wärme und Geborgenheit ausstrahlen sollte. Die Energie in dem Raum war erdrückend. Wie sollen denn in solch einem Raum nach Jahren der Ehe noch romantische Gefühle aufkommen?

Im Büro des Mannes waren sehr unruhige Energien zu finden. Ulla fand heraus, dass hier einmal ein Stall gewesen war, und hatte das Gefühl, dass die Ängste der Tiere noch darin waren. Diese Energien kann man sehr gut mit einer Hausreinigung heilen, den Tieren auch im Nachgang noch Respekt zollen und ihnen eine Art Denkmal setzen, vielleicht durch ein liebevolles Tierbild, eine Statue oder Ähnliches. In diesem Raum konnten spontan ein paar hübsche Dekoelemente und ein Ritual die Energie merklich verändern.

Gleich nachdem wir das Wohnzimmer betreten hatten, spürte Ulla die Anwesenheit eines Kindes. Ein kleines, dunkelhaariges Mädchen in rotem Kleid und weißen Kniestrümpfen hüpfte um uns herum. Sie war glücklich, lachte und tanzte. Wir fragten unsere Kundin, ob sie sich an dieses Mädchen erinnern könne. Nachdem sie zuerst verneinte, meinte sie kurz darauf, dass, bevor sie in das Haus gezogen waren, ein kleines Mädchen direkt vor dem Haus überfahren worden war. Sie war etwa sechs Jahre alt gewesen und hatte ein rotes Kleid getragen. Ulla stellte Kontakt zu dem Mädchen her und fragte, warum es denn hier sei. Die Antwort war, dass sie ganz einfach eine Familie suche mit Vater, Mutter und Kindern. Sie wollte Geschwister haben und sie wollte Eltern haben. Wir empfahlen unserer Kundin, für das Kind ein kleines Blumenbeet im Garten anzulegen. Während sie bunte Blumen pflanzte, sollte sie im Geiste dem Mädchen sagen, dass es immer willkommen ist und dass dieses Beet nur für es alleine ist. Einige bunte Windräder sollten das Beet verzieren. In einem späteren Gespräch bestätigte uns die Kundin, dass sie dieses Beet angelegt und alles so gemacht hatte, wie wir es vorgeschlagen hatten. Die Energie und der Austausch mit ihren Kindern hatten sich danach wesentlich verbessert. Es war wieder Ruhe eingekehrt.

Eines ist sicher: Diese Wesen bleiben nicht, weil sie uns Böses wollen – sie bleiben aus Liebe zu uns. Sie wollen, auch wenn sie körperlich nicht mehr bei uns sind, ihre Chancen nutzen und Unstimmigkeiten, Ärgernisse, Missverständnisse aus dem Weg räumen. Geben wir ihnen diese Gelegenheit, dann wird Unreines rein, dann werden Situationen geklärt und sie können gehen. Was sie dann auch tun. Es ist IHRE Entscheidung, nicht unsere, wann der Zeitpunkt gekommen ist. Ob und wann diese Seelen erscheinen bzw. sich mit Ulla in Verbindung setzen, kann und will sie nicht beeinflussen. Sie entscheiden. Und das ist gut so!

Auch im oben beschriebenen Fall hatte die Energie viel mit den Besitzern zu tun. Aufgrund ihrer Erziehung hat die Frau viel zu sehr männliche Attribute gelebt und das Weibliche an sich und auch dem Zuhause ignoriert. Hier ging es um die Integration weiblicher Energie, deren Interpretation natürlich auch sehr viel Spielraum zulässt. Weiblichkeit ist sehr facettenreich! In diesem Haus hat diese Energie jedoch einfach gefehlt, und sogar das verstorbene Mädchen wollte das Haus mit seiner weiblichen Energie unterstützen. Es war nicht da, um Angst zu verbreiten.

In einem anderen Fall wurden wir ebenfalls in ein Haus gerufen, in dem sich die Besitzerin einfach nicht wohlfühlte. Ich fand schnell einige Wasseradern und Verwerfungen, also Erdstrahlen. Wissenschaftlich ist ihre Auswirkung auf unser Wohlbefinden umstritten, energetisch und subjektiv sind sie sehr wohl wahrnehmbar. Ulla fand schnell heraus, welche Dekoelemente fehlten und welche am falschen Ort standen – und in kürzester Zeit wandelte sich die Energie im Haus.
Im Besonderen ging es um die Energie in der Küche. Hier hatte die neue Eigentümerin das Problem, dass sie sehr oft sehr traurig wurde, wenn sie in der Küche war. Sie bemerkte immer wieder ein »beklemmendes« Gefühl, das sich zeigte, sobald sie an eine bestimmte Stelle trat. Es war die Außenwand des Hauses, die sich immer wieder zeigte und in Erinnerung rief. Während der Hausreinigung betrat Ulla die Küche und wurde sofort in die linke Ecke an der Außenwand gezogen. Sie ging diesem Bedürfnis nach, und kaum stand sie vor dem

Fenster, fühlte sie eine ungeheure Trauer und die Tränen liefen über ihr Gesicht. Es dauerte eine ganze Weile, bis sie die geistigen Bilder eines Feuers wahrnahm und dann endlich eine Stimme, die immer und immer wieder rief: »Mein Kind, mein Junge!«

Allem Anschein nach war hier irgendwann einmal ein Feuer ausgebrochen und ein Kind war darin umgekommen. Was konnten wir tun?

In der Verlängerung dieser Wand war der Eingangsbereich, der bereits dekoriert war. Wir änderten alles in eine kinderfreundliche Dekoration – so, dass Kinder sich hier sehr

wohlfühlen konnten. Dort stand auch die Büste einer Frau, die sehr traurig nach unten schaute. Wir konnten sehen und fühlen, dass sie litt. Also entschieden wir uns, diese Büste in den Garten zu stellen, direkt zu den Rosen und viel Licht und Sonne. Auf den vorigen Seiten sehen sie die Bilder. Jetzt dürfte jedem klar sein, wovon wir sprechen, wenn wir sagen: Alles ist Energie.

Im Wohnzimmer ging unsere Arbeit weiter. Hier empfing uns eine eher kalte, ablehnende Atmosphäre, die so gar nicht zu unserer Kundin passte. Einiges wurde bezüglich der Möbel verändert, und wir hängten eines unserer Symbolbilder an die Wand. Alle, die im Raum waren, konnten die Wirkung direkt spüren. Der Raum wurde heller, weicher und freundlicher. Unsere Kundin rief uns Tage später an und berichtete, dass alle Besucher, die ins Wohnzimmer kamen, sofort fragten: »Hast du neue Möbel? Die Wände neu gestrichen? Irgendetwas ist hier passiert! Was hast du gemacht? Es ist auf einmal so gemütlich.«

Die Wahrnehmung feinstofflicher Energien ist die Wahrnehmung von Schwingungen, die in der Luft liegen und die wir spüren. Auch wenn uns etwas anderes vorgespielt wird. Sicher kennen Sie die folgende Situation: Sie sind bei Freunden eingeladen, haben Blumen gekauft und machen sich voller Freude auf einen schönen Abend auf den Weg. Sie

klingeln an der Haustür, Ihre Freunde öffnen und Sie denken sofort: ›Ich sollte besser wieder gehen. Hier herrscht dicke Luft.‹ Das ist die Wahrnehmung feinstofflicher Energien, die Wahrnehmung von Schwingungen, die in der Luft liegen. Unser Unterbewusstsein »weiß«. Wir sprechen dann von unserem Bauchgefühl.

Diese feinstofflichen Energien sind das, was wir wahrnehmen und was wir während eines Streitgespräches oder bei einem liebevollen Gespräch in den Raum aussenden. Wir alle haben die entsprechenden Antennen, um diese Schwingungen aufzunehmen. Nur haben wir im Laufe unseres Lebens gelernt, nicht mehr darauf zu achten. Wir tun diese Fähigkeiten oft als »Spinnerei« ab. Doch je feinfühliger wir sind, desto mehr und desto intensiver registrieren wir diese Energien.

Wer jemanden verloren hat, der ihm nahestand, der weiß: In den ersten Tagen hat man oft das Gefühl, die verstorbene Person stehe hinter einem oder komme gleich zur Tür herein. Auch das sind Momente, in denen wir die Schwingungen spüren, die immer noch da sind.

Wir beginnen dann oft ein Selbstgespräch, wie etwa: »Wenn du doch noch da wärst. Wenn ich dich noch fragen könnte.« Sind wir dann ganz achtsam und bewusst, dann werden wir diese feine, innere Stimme hören, die beginnt, sich mit uns zu unterhalten. Das ist der Kontakt, der immer noch besteht. Alles, was sich durch den Tod verändert hat, ist die Tatsache, dass die Körperlichkeit der anderen Person ihr Ende gefunden hat. Die Kommunikation hört dadurch nicht auf, sie verändert sich nur.

Doch nicht immer ist es leicht, die Nachricht, die noch aussteht, zu finden oder zu entschlüsseln. Das zeigt folgender Fall: Eine Kundin, die in den letzten Jahren eine sehr schlechte Beziehung zu ihrer Mutter hatte und seit einem Jahr den Kontakt ganz abgebrochen hatte, kam zu uns, nachdem die Mutter verstorben war und sie das Haus verkaufen wollte. Ihrer Schilderung entnahmen wir, dass es seit ihrer Kindheit immer wieder Streitereien mit der Mutter gegeben hatte. Unter anderem waren ihre vielen Urlaubsreisen ein Reibungspunkt. Mit den Worten »Na, wenn DU dir das leisten kannst ...« endete jeder Besuch, der für unsere Kundin doch so freudig begonnen hatte.
Sie erzählte uns, dass viele Kaufinteressenten kamen, um sich das Haus anzusehen, begeistert waren – und dann aber nie wieder etwas von sich hören ließen. Es handelte sich um ein sehr großes Haus mit 260 qm Wohnfläche, einem Schwimmbad im Untergeschoss und wunderschöner Terrasse mit Blick in einen Naturschutzgürtel, der erst von der Gemeinde angelegt worden war. Ein Bach lief direkt hinter dem Grundstück entlang, und über die neue Holzbrücke kamen Rehe bis an den Garten. Die Autobahn war in 6 km Entfernung, also eine optimale Lage. Und trotzdem:

Sie konnte das Haus seit mehr als einem Jahr nicht verkaufen, und die anfallenden Kosten begannen nun, ihr Budget aufzufressen.

In diesem Haus waren in der Vergangenheit sehr viele Streitigkeiten ausgefochten worden. Nicht nur zwischen Mutter und Tochter, auch familiäre Uneinigkeiten waren in dem Haus lautstark diskutiert worden. Es hatte Streit mit den Stiefkindern gegeben und Missverständnisse zwischen den Ehepartnern, die im Alter beide mit Krankheiten zu kämpfen gehabt hatten. Die Nervenkostüme waren bei beiden nicht mehr die besten gewesen, was zu neuen Streitereien geführt und die Energie im Haus sehr stark belastet hatte.

Nachdem wir über vier Stunden gereinigt hatten, dominierte noch immer das Gefühl, dass etwas »fehlte«. Es war eines dieser Gefühle, die man nicht begründen kann, denen man einfach vertrauen muss. So sagte uns dieses Gefühl, dass noch etwas für die Tochter im Haus sein musste, etwas, das die Mutter extra für sie dagelassen hatte. Aber was? Das Haus war bereits leergeräumt, es waren keinerlei Möbel mehr da. Auch die Küche war schon abgebaut und entsorgt. Wo sollten wir also suchen? Wir sprachen mit unserer Kundin, ob sie eine Idee hätte zu dem Gefühl, das wir hatten. Sie verneinte. Sie wüsste nicht, was ihre Mutter ihr noch hätte sagen oder sogar dalassen sollen. Wir suchten weiter – und schließlich wurden wir fündig: Im Gästebad hing ein

Kalender, der seit drei Jahren abgelaufen war. Der Monat September sah uns in Form eines blauen Himmels und einer weißen Taube an. Der Spruch unter dem Bild war in etwa: »Auf dass du deine Flügel ausbreitest und fliegst, wohin du willst, aber auch immer wieder weißt, zu deinen Wurzeln zurückzukehren.« Wir waren stumm. So krass und deutlich hatten wir das noch nicht erlebt. Ein Kalender, der seit drei Jahren abgelaufen war mit einem Bild, das so ganz und gar die Angst der Mutter zeigte, die sie immer dann gespürt haben musste, wenn die Tochter sich verabschiedete, um in Urlaub zu fahren.

Die Hausreinigung war erfolgreich beendet. Drei Tage später rief der Makler an, dass er sich abends mit einer Interessentin noch einmal im Haus treffen wolle. Fünf Tage später wurde ein Notartermin zum Verkauf vereinbart.

Oft geht es nach einem Hauskauf darum, dass noch »ehemalige Bewohner« im Haus sind, die etwas klären wollen bzw. noch eine Nachricht für jemanden haben. Immer wieder sei daran erinnert: Es sind keine »bösen Absichten«, die sie im Haus halten. Es geht lediglich darum, Klarheit in bestimmte Angelegenheiten zu bringen. Das ist immer nur zu unserem Besten. Es geschieht in Liebe.

In einem unserer Fälle ging es um einen solchen »ehemaligen Bewohner«. Er war der Eigentümer des Hauses und hatte es mit seiner Familie Jahrzehnte lang bewohnt. Irgendwann veränderte er sich total und wurde zu einem griesgrämigen, alten, bösen Mann, der mit jedem Nachbarn Streit anfing. Das Gleiche tat er mit seiner Familie, am meisten stritt er mit seiner Frau. Die Nachbarn zogen es irgendwann vor, jeglichen Kontakt zu ihm abzubrechen, seine Kinder redeten nicht mehr mit ihm und seine Frau sah schließlich keine andere Lösung mehr, als ihn zu verlassen.

Er wurde krank, zog sich ganz zurück und lebte alleine weiter in dem Haus, bis er sich entschloss, es zu verkaufen und ein Wohnrecht als Vertragsgrundlage einzusetzen. Als sich der Käufer für das Haus gefunden hatte, zog der alte Mann in den Anbau und überließ das komplette Haus den neuen Eigentümern. Beim Verkauf war sein Wohnrecht im Grundbuch eingetragen worden, und so kümmerten sich die neuen Eigentümer um ihn. Seine Krankheit war so weit fortgeschritten, dass er nicht mehr reden konnte, weswegen die Verständigung mit »Händen und Füßen« erfolgte. Er griff immer mehr zum Alkohol, so dass noch eine Leberzirrhose zum Krankheitsbild dazu kam. Schließlich verstarb er in seiner Wohnung.

Als die neuen Besitzer sich dazu entschlossen, nun auch den Anbau zu nutzen, hatten sie Probleme, sich in den Räumen aufzuhalten. Die Frau mehr als der Mann, aber beide fühlten sich dort nicht wohl, und so erhielten wir den Auftrag zur Hausreinigung. Als Ulla den Anbau betrat, wurde sie sofort in die Mitte des Raumes »gezogen«, wo sie direkt anfing zu frieren (es war Sommer und draußen herrschten um die 28 °C). Auf die Frage, was denn hier vorher gewesen war, erhielt sie die Antwort: »Genau dort stand die Couch, auf der er verstorben ist und wo wir ihn tot aufgefunden haben.« Damit war alles klar. Wir warteten nur kurze Zeit, und der alte Mann »zeigte« sich. Ulla sah ihn vor sich, und er streckte ihr demonstrativ seinen sehr dicken Bauch entgegen. Zwei Hemdknöpfe waren abgesprungen und das Hemd war über dem Bauch offen. Ihm schien das wichtig zu sein, denn er hörte nicht auf, seinen Bauch zu zeigen. Er kommunizierte dann, dass es ihm leid tue, was er getan habe und wie er gefunden wurde. Dass er das so nicht gewollt hatte; aber er könne es nicht mehr ändern. Die neuen Eigentümer bestätigten, dass es für sie ein Schock gewesen war, ihn mit nacktem Oberkörper zu finden und diesen aufgedunsenen Bauch zu sehen. Zu seiner sowieso schon sehr ernsten Erkrankung war ja noch eine Leberzirrhose dazugekommen, deshalb hatte er diesen »Trommelbauch«.

Er kommunizierte weiter, dass er sich dafür entschuldigen wollte, und die neuen Eigentümer nahmen diese Entschuldigung an. Er erklärte auch noch, dass er nicht mehr in der Lage war, seine Worte zu kontrollieren bzw. sie zu steuern, so dass er, bevor er es verhindern konnte, die Menschen um ihn herum beleidigte. Er wollte das so nicht und war froh, als ihm die Stimme genommen wurde und er niemanden mehr mit harten, ungerechten Worten beleidigen konnte. Er verstand auch seine Frau. Dass sie ihn verlassen hatte, war absolut in Ordnung für ihn. Er hatte eingesehen, dass dies der einzige Weg für sie gewesen war, um nicht krank zu werden und nicht länger leiden zu müssen.

Nachdem er alles, was ihm auf dem Herzen gelegen hatte, »gesagt« hatte, hörte Ulla auf zu frieren.

Der Raum konnte jetzt geräuchert werden. Beim Hereinkommen, war ein Räuchern nicht möglich gewesen – das Feuer brannte nicht, ging immer wieder aus. Der neue Versuch gelang, und der gesamte Raum wurde gereinigt. Wir rieten unseren Kunden, den Raum zwei bis drei Tage geschlossen zu halten, die Fenster und auch die Türen. Dann, nach drei Tagen, sollten sie alles öffnen, so dass ein Gegenzug entstand. Sie machten es genau so, wie wir geraten hatten, und teilten uns dann mit, dass der Raum sich »so leicht« anfühle, die Luft und die gesamte Atmosphäre würden »locker« erscheinen, ganz so, als ob ein großer Druck weggenommen wurde. Beide konnten sich von diesem Zeitpunkt an in den Räumen aufhalten und genießen es seitdem sogar, die Räume als erweiterten Wohnraum zu nutzen.

Dieses Beispiel zeigt ganz besonders deutlich, dass kein Wesen oder keine dieser Energien uns etwas Böses will. Bei diesem Mann ging es darum, dass er sich entschuldigen und klarstellen wollte, dass er mit dem, was ihm passiert war, zufrieden war. Er wollte sich entschuldigen für sein

Verhalten und hatte dazu Gelegenheit bekommen. Von da an war er bereit zu gehen.

Für uns ist es sehr wichtig, dass die falsche Vorstellung von »bösen Geistern« endlich aufgelöst wird. JA, wir geben zu: Manchmal können sie uns erschrecken. Wir vergleichen das dann gerne mit uns selbst: Was machen wir, wenn wir Aufmerksamkeit wollen? Wir werden laut, wir fallen auf oder wir »nerven« ganz einfach. Irgendwann wird uns schon jemand Gehör schenken. Nun, nichts anderes machen diese Energien, um »gesehen« und »beachtet« zu werden. Um endlich erledigen zu können, was ihnen auf der Seele brennt. Sie wollen in Ruhe und Frieden gehen können – in dem Wissen, dass alles bereinigt ist, was mit dieser menschlichen Existenz zu tun hatte.

Ganz nebenbei vermitteln sie uns mit »ihrem Erscheinen« auch noch eine andere Umgehensweise mit dem Tod, der für uns etwas Endgültiges hat und uns Angst macht. Diese feinstofflichen Energien zeigen uns, dass wir jederzeit die Möglichkeit haben, mit ihnen in Verbindung zu treten. Sie sind immer für uns da und beantworten die Fragen, die wir an sie haben. Alles, was dazu notwendig ist, ist unser Vertrauen. Unser Vertrauen in das, was wir nicht kennen. Meist haben wir gelernt, allem, was wir nicht kennen, mit Vorsicht und Zurückhaltung zu begegnen. Uns wurde beigebracht, dass Fremdes zunächst einmal »böse« ist. Dabei gilt es zu erkennen, dass immer WIR der Auslöser sind. So wie wir auf Menschen zugehen, so wird man uns entgegenkommen. Lernen wir, wieder Vertrauen zu haben. Es lohnt sich!

Das folgende Beispiel zeigt, wie unterschiedliche Denkweisen zu unterschiedlichen Ergebnissen führen. Entscheiden Sie selbst, liebe Leser: Wollen Sie etwas verändern oder lieber beim Alten bleiben? Es ist Ihre Entscheidung – es ist Ihr Leben. Nun zu unserem nächsten Fall:
Eine Kundin hatte Probleme mit ihrem 8-jährigen Sohn. Er war aggressiv, verhaltensauffällig und hyperaktiv. Die Eltern hatten schon vieles in Angriff genommen, waren letztendlich aber immer gescheitert.

Wir entschieden uns für eine Wohnungsreinigung. Schon beim Betreten der Wohnung konnten wir eine drückende, einengende Atmosphäre spüren. Das tiefe Ein- und Ausatmen fiel schwer, und es lagen Unsicherheit und Angst in der Luft. Es dauerte nicht lange, bis Ulla vor ihrem geistigen Auge Kinder sah, die in ihren Betten lagen. Sie waren ungewaschen und blickten angstvoll um sich. Der Raum war sehr groß und mit mehreren Betten ausgestattet. Es war offensichtlich: Es handelte sich um ein Kinderheim. Es war verständlich, dass hier Emotionen wie Angst, Unsicherheit und Bedrohung genauso ihre Berechtigung hatten wie Wut, Zorn und Ablehnung. – Kinder sind für diese Energien weit empfänglicher als wir Erwachsenen. Damit wurde klar,

warum der Junge immer wieder unkontrollierte Wutausbrüche hatte, hyperaktiv wurde und manchmal kaum zu bändigen war.
Mit dem Reinigen brachten wir Ruhe, Frieden und Ausgeglichenheit in die Räume. Wir wiederholten den Räuchervorgang innerhalb von drei Monaten dreimal und beobachteten eine zunehmend freundliche, ruhige Atmosphäre, die sich immer mehr stabilisierte.

In einem solchen Fall einen ganz neuen Weg, nämlich den der Hausreinigung, einzuschlagen, meinen wir mit der »anderen Denkweise«. Lassen wir unseren Geist herumwandern und mit neuen Dingen experimentieren. Seien wir offen für andere Sichtweisen. Es ist der Weg zu persönlichem Wachstum. Persönliches Wachstum heißt, dass wir unsere Fähigkeiten und Talente kennenlernen und zulassen. Wir gehen dann in unsere Kraft und erkennen, dass wir unser Schicksal selbst in der Hand haben.
Persönliches Wachstum heißt auch, dass wir die drei Bewusstseinsebenen erkennen und damit unsere Kommunikationsmöglichkeiten vergrößern. Diese drei Ebenen sind: verbal, telepathisch und psychisch. Verbal ist für die Menschen geeignet, die noch nicht friedvoll kommunizieren und mit der Idee, dass wir unser Schicksal selbst kontrollieren, kämpfen. Sie fühlen sich kraftlos und sehen keine Möglichkeit, ihr Leben besser zu gestalten.

Telepathisch ist der Weg für diejenigen, die den Mut zur Erkundung ihrer Selbstbegrenzungen, die in ihrer Kindheit programmiert wurden, haben. Das Ziel ist, dass sie erkennen, dass diese Begrenzungen überschritten werden können. Psychisch bezeichnet die Art der Kommunikation, die übersinnliche Fähigkeiten beinhaltet, wie z. B. Hellsehen, Hellfühlen, Hellhören, Hellschmecken. Es ist auch die Projektion und das Empfangen holistischer bzw. ganzheitlicher Kommunikation – unabhängig von Entfernung. Diese Art der Kommunikation lässt die Beteiligten das wahre, innere Selbst erkennen. Dies zeigt sich u. a. bei der Übermittlung von ganzen Büchern oder Liedern (z. B. das Buch: »Es ist alles Illusion«, gechannelt von Dr. William Guillory, oder auch der Beatles-Song »Yesterday«, den Paul McCartney channelte).
Sind wir auf der Ebene der psychischen Kommunikation und wenden unsere übersinnlichen Fähigkeiten an, so ist es ganz natürlich, dass der Tod seine Bedrohlichkeit verliert. Wir erkennen, dass die bisher gefürchtete Endlichkeit kein AUS, sondern ein ANDERS ist; ein Sein in einer anderen Dimension, wo die Körperlichkeit nicht mehr gebraucht wird. Dafür treten die psychischen, übersinnlichen Fähigkeiten in den Vordergrund. Wir kommunizieren auf psychischer, auf seelischer Ebene.

Es ist wichtig zu wissen, dass wir während unserer irdischen Existenz als Individuum die Einheit von Körper-Geist-Seele leben. Diese Einheit geht in Resonanz mit anderen Einheiten; so entstehen Beziehungen. Die tiefste und energiereichste Beziehung ist die Liebe; sie ist bedingungslos. Es gibt keine Unterscheidung zwischen bedingter und bedingungsloser Liebe. Liebe per se ist bedingungslos. Sind Bedingungen an eine solche Verbindung geknüpft, welcher Art auch immer, dann ist es keine Liebe. Dann ist es ein Vertrag, den wir mit einem Vertragspartner abschließen, zum Beispiel: »Bringst du weiterhin das Geld nach Hause, dann bin ich hier und koche und putze.« Das hat mit Liebe nichts zu tun. Liebe ist die bedingungslose Verpflichtung gegenüber einer anderen Person, alles zu tun für deren Wohlbefinden, Glück und Erfolg.

Leben wir eine Beziehung, dann trifft der Tod den verbleibenden Partner oft sehr hart. Was aber ist dieser Tod, den wir alle mehr oder weniger fürchten? Wie wir am Anfang bereits sagten: Diese irdische Existenz leben wir als die Einheit von Körper, Geist und Seele. Beim (irdischen) Tod findet die Körperlichkeit ihr Ende. Der Körper wird »zu Grabe« getragen. Was aber passiert mit Geist und Seele? Diese beiden Anteile des Individuums leben weiter. Der Geist in Form von Antworten, von Wissen, das weiterhin geteilt wird. Es steht zur Verfügung, wann immer wir es brauchen. Haben Sie schon einmal nicht mehr weitergewusst und dann mit der Frage »Was soll ich denn tun?« eine bereits verstorbene Person um Hilfe gebeten? Haben Sie eine Antwort erhalten bzw. fiel Ihnen die Lösung kurz danach ein? Nun, das ist der Beweis, dass der Geist weiterexistiert. Genauso ist es mit unserer Seele: Sie steht für Gefühle und Emotionen, die, auch nach dem Tod, weiterexistieren – Gefühle in Form von Schmerz, den wir empfinden, wenn wir an den/die Verstorbene(n) denken, und Emotionen in Form von Liebe, die wir weiterhin für die Person fühlen. Auch wenn sie körperlich nicht mehr bei uns ist, sind Gefühle wie Schmerz, Trauer und Sehnsucht oder Liebe, Glück und Freude, die wir mit ihm/ihr teilen, weiter bei uns. Die Erinnerungen lassen diese Gefühle immer wieder aufleben. Ob wir alleine sind oder gemeinsam mit Freunden an die Person denken – es ist, als wäre sie wieder dabei. Mitten unter uns. Vielleicht ist sie das ja auch. Mit dem Unterschied, dass wir sie nicht mehr sehen können. Aber die Energien bleiben bei uns und bleiben auch in den Räumen, in denen der/die Verstorbene gelebt hat. Hierzu noch ein weiteres Beispiel aus unserer Arbeit:

Der Ehemann einer Kundin war vor sechs Jahren verstorben. Beim Aufstehen war er neben seinem Bett zusammengebrochen. Die Frau rief den Notarzt, und die Sanitäter trugen ihn auf die andere Seite des Zimmers, wo mehr Platz war und sie ihn besser wiederbeleben konnten. Doch nichts half mehr. Er war verstorben.

Beim Räuchern des Schlafzimmers war nur sehr wenig Qualm zu sehen. Es dauerte eine ganze Weile – aber dann, neben seinem Bett, an der Stelle, an der er zusammengebrochen war, fing der Rauch ganz plötzlich an aufzusteigen. Es schien, als ob jemand einen tiefen Zug aus dem Räuchergefäß nahm. Es hielt einige Zeit an, und dann war ein tiefes, erleichtertes Seufzen zu hören. Es war klar: Endlich hatte er loslassen können. Jetzt konnte er die Schmerzen, den Überlebenskampf, die Ungewissheit und Angst hinter sich lassen. Dieses tiefe Ein- und Ausatmen war eine Erlösung.

Im Esszimmer fanden sich ähnliche Umstände. Am Tisch gab es an zwei Plätzen nur ganz wenig Rauch. Am nächsten Stuhl wurde es mehr und schließlich, am vierten Stuhl, wurde der Rauch nur so aus dem Räuchergefäß herausgesogen. Die Frage erübrigte sich eigentlich: Es war der Stuhl, auf dem der Verstorbene immer gesessen hatte.

Nach dem Räuchern berichtete unsere Kundin, dass sie sich viel wohler fühle im Haus. Sie gehe wieder gerne in ihr Bett und könne frei atmen. Sie hatte nicht bemerkt, dass die Trauer und das Nicht-loslassen-Können sich bei ihr auf die Brust gelegt hatten (die Trauer wird der Lunge zugeordnet). Jetzt aber, nach dem Räuchern, spürte sie eine wesentliche Verbesserung. Sie beschrieb die Atmosphäre im Haus als leicht und luftig. Sie selbst findet wieder Spaß am Leben, ist aktiv im Garten beschäftigt, pflanzt neue Blumen und Sträucher und kümmert sich um die Sauberkeit und Ordnung auf dem gesamten Grundstück.

Hier sehen Sie deutlich, was wir meinten, als wir davon sprachen, dass bei einer Hausreinigung immer auch die Bewohner involviert sind.

Das folgende Beispiel zeigt noch deutlicher, worauf wir hinauswollen: Während einer Wohnungsreinigung wurde auch das ehemalige Zimmer der Schwester unserer Kundin geräuchert. Im Zimmer herrschte eine Energie des Mangels vor, der Mangel an »Kind sein, Kindheit leben dürfen«. Hiermit einher gingen Ablehnung und Zurückweisung. So beschlossen wir, ein paar alte Rollschuhe in das Zimmer zu stellen sowie ein paar Blumen, vorzugsweise Sonnenblumen oder Margeriten. Unsere Kundin bestätigte uns, dass sie, nachdem die Gegenstände hingestellt worden waren, das Gefühl hatte: Das gehört hier her. Sie fühlte sich sehr wohl damit. Sie ließ die Rollschuhe für ein paar Wochen stehen und erneuerte immer wieder die Blumen, wenn die alten verwelkt waren. Irgendwann spürte sie: Es ist in Ordnung. Sie nahm die Rollschuhe weg und stellte auch keine Blumen mehr hin.
Einige Monate nach dem Räuchern traf sie ihre Schwester. Die beiden sehen sich kaum, und das Verhältnis war in der Vergangenheit fremd und angespannt. Dieses Mal bemerkte

sie jedoch eine positive Veränderung. Die Schwester war offen und freute sich, sie zu sehen. Sie verbrachten eine schöne Zeit miteinander und vereinbarten, bis zum nächsten Treffen nicht mehr so lange zu warten.
Hier sehen wir ganz deutlich: Auch wenn die betreffende Person beim Räuchern nicht anwesend ist, selbst wenn sie nicht mehr in dem Haus wohnt und schon lange ausgezogen ist: Beim Räuchern arbeiten wir mit Energie. Wie bereits am Anfang erwähnt, gibt es in der energetischen, der spirituellen Welt weder Zeit noch Raum. Es ist daher unerheblich, wo sich die entsprechenden Personen aufhalten. Die Energien sind noch im Haus und sprechen auf das Räuchern an. Einmal vor Ort und genauso bei der betreffenden Person.

Sie haben die Macht, Energien zu verändern

Anhand unserer Beispiele werden Sie bereits festgestellt haben, dass die Energie in Wohnräumen oder auf Grundstücken immer etwas mit den Bewohnern oder Besitzern zu tun hat. Aber das bedeutet auch, dass Sie diejenigen sind, die es in der Hand haben, diese Energien zu verändern. Dafür gibt es unzählige Methoden, von denen wir Ihnen im Praxisteil einige vorstellen werden. Vielleicht haben Sie aber auch ganz eigene Ideen, dann vertrauen Sie Ihrer Intuition und Ihren Fähigkeiten – und legen Sie los!

Gehen Sie raus aus der Angst. Damit verdienen unglaublich viele »Hausreiniger« ihr Geld, da sie kommunizieren, dass angeblich nur sie bestimmte Fähigkeiten haben. Sie werden Ihnen erzählen, wie gefährlich die »negativen« Energien sind, von denen in diesem Zusammenhang immer berichtet wird – und Ihnen so Angst einjagen. Wir wollen denjenigen gar nicht absprechen, dass sie entsprechende Erfahrungen gemacht haben, aber wir kennen genug Medien, die von Kindheit an hellsichtig und medial sind, die berichten, dass uns keine Dämonen heimsuchen und uns schaden. Vielmehr geht es darum, die eigenen destruktiven Wesensanteile an uns zu erkennen, anzunehmen und in Heilung zu bringen. – Wahrscheinlich leiden solche »Hausreiniger« sogar unter Psychosen und verkaufen sie als Begabung.

Sabine erinnert sich an viele Jahre, in denen sie eigene Erfahrungen mit dem Wissen anderer Lehrer abglich – wobei sie oft zu anderen Wahrnehmungen kam. Sie sah oftmals Seelen, die offensichtlich hier festhingen und auf Erlösung warteten, und tat alles ihr zur Verfügung stehende, um sie zu erlösen. Sie spürte körperliche Angriffe, Trauer, aber auch Dankbarkeit und Erleichterung während und nach ihren Zeremonien. Mit dem heutigen Wissen, dass Energie der Aufmerksamkeit folgt und dass Seelen nicht festhängen, wird klar, dass sich diese Bilder zeigen, damit wir die Situationen, die sich dort abgespielt haben, besser verstehen können. Wir können so besser nachvollziehen, dass dort Raubzüge oder Vertreibungen oder was auch immer stattgefunden haben – so können die schweren Energien, die dort abgespeichert sind, von uns identifiziert werden.

Ganz oft ist auch der »Spuk« ein Thema. Sabine hat dies mehrfach erlebt und auch dies in früheren Jahren falsch interpretiert, da sie bei ihrer ersten Spukerfahrung das Gefühl hatte, einem Mann ins Licht zu verhelfen. Der Spuk war heftig. Türen schlugen zu, ohne dass ein Lüftchen im Haus zu spüren war, ein Anhänger an einem Kulturbeutel zerbrach und es waren Schritte auf dem Dachboden zu hören. Nachdem sie die ersten Schweißausbrüche hinter sich hatte und wusste, dass die Nacht so nicht weitergehen konnte, ging sie nach oben, um nachzusehen. Sie sah einen alten Mann, sehr verzerrt, der scheinbar bei einer Sturmflut umgekommen war. Sie baute eine Lichtsäule auf und er wandelte sein Aussehen zu dem eines zufriedenen Mannes, der langsam aufstieg – und es war Ruhe im Haus. Sie kam zu der Auffassung, dass er ins Licht wollte. Heute sieht sie die Situation anders.

Viele Hellsichtige sind sich mit den Seelen, die angeblich den Weg ins Licht gehen, nicht einig. Vielleicht war der »alte Mann« als Lehrer da und wollte, dass Sabine ihre Angst überwand und auf ihre Fähigkeiten vertraute. Vielleicht war er in seiner Entwicklung nun so weit, dass er weitergehen konnte. Vielleicht ging es nur darum, seine Energien zu transformieren. Was auch immer der wahre Grund war, es war Ruhe im Haus und es brachte Sabine ein gutes Gefühl. Nur darum geht es!

Während der Schreibphase dieses Buches geschah es, dass Sabine sehr intensiv an ihre verstorbene Patentante dachte und daran, dass sie gerne mehr Kontakt mit der geistigen Welt hätte. Denn die Kontakte kamen nicht auf Abruf, sie kamen und gingen und blieben oft sehr lange Zeit aus. Als sie nach einer Meditation nach Hause kam, ging sie in ihr Esszimmer, machte das Licht an und es ging sofort wieder aus. Da der Trafo der Lampe manchmal hing, dachte sie sich noch nicht viel dabei, ging in die Küche, machte das Licht an, ging an den Kühlschrank – und das Licht in der Küche ging aus. Aber die Lampe war vollkommen in Ordnung, genauso die Stromleitung und der Lichtschalter. Sabine sagte laut: »Hey – ich krieg langsam Angst, hört auf mit dem Kram!« Da rollte ein Apfel, der schon mindestens einen Tag so in der Schale gelegen hatte, aus der Obstschale heraus auf den Fußboden. Sofort war ihr klar, hier will ihr jemand etwas mitteilen. Sie setzte sich an ihren Schreibtisch, schloss die Augen und bekam ein Channeling.

Anhand dieser Berichte wird klar, dass wir unsere Angst überwinden müssen. Es geschieht nichts Schlimmes, aber wir haben so viele komische, beängstigende Filme gesehen, dass wir uns Gedankenbilder erschaffen, die mit der Realität nichts zu tun haben. Wenn die Bilder dann noch gestochen scharf vor unserem inneren Auge auftauchen und wir nicht wissen, wie wir mit ihnen umgehen sollen, dann haben wir Angst und – zack – schon fahren wir unsere Energie herunter und gehen noch mehr mit den niedrig schwingenden Energien in Resonanz. Wir sind plötzlich in einem Teufelskreis gefangen. Wir bekommen Schweißausbrüche, Panik, haben schon Angst vor der nächsten Nacht und immer mehr innere Bilder bekommen Herrschaft über uns. Wir wollen sie ignorieren und denken, dass wir sie durch das Ignorieren loswerden. Doch der heilsame Weg geht genau andersherum. Wir müssen unterscheiden lernen, welche Gefühle in uns hochkommen, und – was oft noch viel schwieriger ist – wir müssen sie genau benennen. Dann haben wir die Chance, unsere Einstellung dazu anzuschauen und zu sehen, was die Gefühle mit uns machen. Wir werden bei genug Offenheit und Wachstumswillen schnell erkennen, dass uns diese Gefühle schon sehr lange begleiten, und meist finden wir mithilfe von Selbstreflexion den Ursprung sehr früh in unserer Kindheit. Was wir verdrängt, unterdrückt und weit weggeschoben haben, um mit unserem Umfeld klarzukommen, zeigt sich nun alles auf einmal. Das Gefühl wird stark, will anerkannt werden und in Heilung kommen. Und: Mit unserer Heilung heilt auch die Raumenergie.

Rituale, in diesem Fall Hausreinigungsrituale, helfen uns bei diesem Prozess. Sie unterstützen uns dabei, auf andere Gedanken zu kommen, uns zu zentrieren, zu konzentrieren,

frei zu werden. Sie helfen uns, aus der Angst und in das Vertrauen zu gehen.
Es gibt Hilfsmittel, um unsere Kraft und Macht zurückzuerlangen, zum Beispiel Klänge, Düfte, Symbole und Farben, die alle Schwingungen erzeugen und auch Einfluss auf unsere Stimmung haben. Fühlen wir uns besser, dann heben sich unsere Stimmung und unsere Schwingung – und damit verändern auch wir die Energie im Raum.

Lust bekommen, selbst aktiv zu werden? Dann kommen wir jetzt zum Praxisteil und starten mit dem Räuchern.

II. Praxisteil:

Die Reinigungsmethoden

Räuchern

Auch wenn Räuchern im Grunde nur das Verglimmen von Pflanzenmaterial ist, so beeinflussen die freigesetzten Düfte auch unsere Emotionen und nehmen Einfluss auf unser limbisches System. Räucherungen können somit positiv auf die menschlichen Sinne wirken, indem sie stimulieren, energetisieren, beruhigen, befreien, ausgleichen und reinigen. Daher werden auch gerne Meditationen mit Räucherwerk begleitet.

Neue, ausgleichende Gerüche und Energien im Raum beeinflussen unser Denken. Sie können es aus dem Mangel hinaus in die Fülle lenken (hier sind frische Düfte wie beispielsweise Minze erfolgreiche Helfer), wirken ausgleichend und harmonisierend (Rosen, Lavendel, Holunderblüte), belebend oder entspannend (Johanniskraut und Minze). Bestimmten Räucherstoffen werden sogar Heilkräfte zugeschrieben.

In unserer nachstehenden Tabelle finden Sie eine Auflistung der Räucherwerke, die wir unter anderem verwenden und die in heimischen Gärten zu finden sind. Jeder kann diese Kräuter selbst sammeln, trocknen und anwenden. Es gibt daneben noch viele mehr, und wir experimentieren immer wieder mit Neuem. *(Eine erweiterte Tabelle finden Sie unter: www.chiandmore.com/raeucherwerk.php)*

	Unsere Wahrnehmung:	**Einsatz von uns bei:**
Brombeerblätter	wärmend, beruhigend	Wut, Hysterie, zur Akzeptanz
Holunderblüte	belebend, stabilisierend	Verwirrung, Groll, zur besseren Konzentrationsfähigkeit
Pfefferminze	befreiend, wohltuend, stimulierend, anregend	Lernschwierigkeiten, zur besseren Konzentrationsfähigkeit
Melisse	beruhigend, wohltuend	gereizten Nerven, für mehr Gelassenheit und Vertrauen
Spitzwegerich	antiseptisch, luftreinigend	Migräne, Zorn und Kopfschmerzen
Schafgarbe	entkrampfend bei seelischen Verkrampfungen	Lustlosigkeit, Einsamkeit, Ekel
Taubnessel	ausgleichend, nervenstärkend	Kummer, Sorgen, Melancholie

	Unsere Wahrnehmung:	Einsatz von uns bei:
Brennnessel	befreiend, erwärmend, beruhigend	Depressionen, Unruhe, Lustlosigkeit
Walnussblätter	befreiend, aufheiternd, entspannend, Optimismus fördernd, leicht beruhigend	Konzentrationsstörungen, Verwirrung
Salbei	stimulierend, ausgleichend	Sorgen, Stimmungsschwankungen
Rosmarin	erfrischend, stärkend, konzentrationsfördernd	Orientierungslosigkeit, Mutlosigkeit, Lampenfieber, Ausweglosigkeit, Traurigkeit, nervöse Erschöpfung, Depression
Thymian	aufheiternd	Zurückgezogenheit, Kummer, Sorgen
Lavendel	aufheiternd oder beruhigend, luftreinigend	Reizbarkeit, Groll, Ärger, Nervosität

Doch wie setzen Sie jetzt diese oder andere Kräuter und Harze ein?

Arbeiten Sie mit losen Kräutern, so benötigen Sie:

- ein feuerfestes Räuchergefäß – sie gibt es in zahlreichen Materialien und Ausführungen im Handel
- Räucherkohle
- eine Zange zum Halten der Räucherkohle
- ein langes Streichholz, ein Stabfeuerzeug oder eine Kerze zum Anzünden der Kohle
- Sand, es gibt speziellen Räuchersand
- eine Feder oder einen Fächer

Achten Sie sehr sorgfältig darauf, dass Sie keine entzündbaren Materialien in der Nähe haben, ein Tablett zum Unterlegen kann sinnvoll sein. Halten Sie die Räucherkohle mithilfe einer Zange (kann auch eine Grillzange sein) und zünden Sie sie an. Warten Sie, bis die Kohle außen herum grau ist, denn wenn sie nicht durchgeglüht ist, geht sie schnell wieder aus. Wie beim Grillanzünden auch, glüht die Kohle schneller durch, wenn man ihr Luft zufächelt.
Legen Sie dann die Räucherkohle in den Räuchersand oder wie auf den Abbildungen auf Seite 76, auf ein Sieb und geben Sie eine kleine Menge (ca. 1 Räucherlöffel voll) von Ihrem Räucherwerk auf. Sobald das Räucherwerk nicht

mehr gut riecht, kratzen Sie den Rest von der Kohle ab, um neues nachzulegen. Wollen Sie den Rauch verteilen, fächern Sie ihn mit dem Fächer oder der Feder in die Richtung, in die er ziehen soll. VORSICHT: Das Räucherwerk kann dadurch wegfliegen und kokeln. Seien Sie achtsam, damit Sie keinen Schaden verursachen!

Auch Räucherstövchen eignen sich für Räucherungen: Wie bei Duftlampen für ätherische Öle können hier mithilfe eines Drahtsiebes über einem Teelicht Kräuter und Harze verwendet werden. (Manche legen unter die Harze ein Stück Alufolie, damit sie nicht so viel Arbeit mit der Reinigung des Siebes haben. Ökologisch und gesundheitlich ist das umstritten! Ansonsten reinige ich es mit einer Drahtbürste, es gibt sogar spezielle kleine dafür zu kaufen. Manchmal reichen auch Wasser und eine alte Spül- oder Zahnbürste.) Bei Räucherungen über einem Teelicht entsteht weniger Rauch, es geht schneller als mit Kohle und so kommt es auf die Gegebenheiten vor Ort an, welche Art sich besser eignet. Mit ein wenig Kreativität lassen sich auch manchmal Duftlampen mit einem Drahtsieb für Räucherungen umfunktionieren.

Sie können selbstverständlich auch einfach Räucherstäbchenhalter mit Räucherstäbchen verwenden. Mit Räucherstäbchen laufen wir oft den ganzen Raum ab, gehen ganz nah an Türrahmen, Fensterrahmen, Raumecken entlang

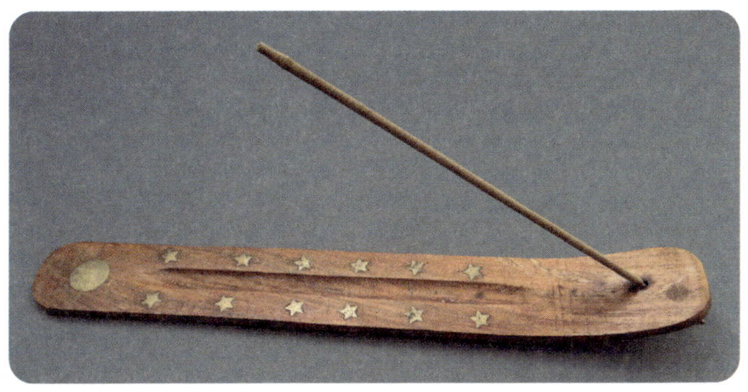

und visualisieren, wie im Raum alle Ecken und Kanten gereinigt werden. Das geht natürlich auch mit der Feder oder dem Fächer und einer Räucherschale. *Wie gesagt, passen Sie gut auf, dass nichts anbrennt und dass Ihr Räuchergefäß nicht heiß wird an der Hand!*

Räucherungen können wir beispielsweise vornehmen zur Reinigung, zur Klärung, zur Förderung des Wohlbefindens, zur Entspannung, zur Beruhigung, zum Beleben oder um anzuregen. Die Methode ist geeignet für den Wohnraum, den Arbeitsplatz, für Behandlungszimmer, Wartezimmer oder das eigene Energiefeld (Aura). Sie können damit die Meditation und Heilprozesse unterstützen oder schlicht Gerüche neutralisieren.

Wir haben auch schon erlebt, dass Rauch von sich aus in eine bestimmte Richtung abzog. Manchmal hatten wir das Glück, dass wir dazu ein Feedback der Kunden bekamen – und an

diesen Orten war oft Leid oder Krankheit bis hin zu Todesfällen. Ab und an lagen dort auch Dokumente oder Papiere, die den Bewohnern schlechte Nachrichten oder Stress brachten. Hatte sich die Energie an den Stellen neutralisiert, stieg der Rauch wieder gerade über dem Räuchergefäß auf.
Aus rechtlichen Gründen weisen wir noch einmal darauf hin: Achtung – Räucherungen können immer nur eine Unterstützung sein. Wenn wir hier Beispiele aufführen, wie zum Beispiel eine Räucherung mit Spitzwegerich bei Migräne, heißt das nicht, dass die Ursache Ihrer Migräne damit behoben wird. Die Räucherung hilft vielmehr dabei, dass die Energien, die davon im Raum sitzen, transformiert werden. Bitte gehen Sie mit Ihrer Gesundheit verantwortungsbewusst um und suchen Sie bei Beschwerden einen Arzt, Heilpraktiker oder Therapeuten auf!

Sabine, als Autorin zahlreicher Pendelbücher, hat einige Testlisten erstellt, die sie Ihnen im Anhang zur Verfügung stellt und in denen Sie die Wirkungsweisen bzw. Einsatzgebiete zu jedem Räucherstoff abfragen können.

Symbole

Ein Symbol, das den meisten noch nicht bekannt ist, wurde von Sabine gechannelt, und Ulla stellte ein paar Nachforschungen an, um zu eruieren, welche Wirkung das Symbol hat. Der gechannelte Name war »Thor« oder »Tor« bis hin zu »Torr«. Waren wir zuerst noch irritiert, so war uns hinterher klar, warum Sabine nur eine Klangschwingung erhielt und kein Wortbild, denn das Symbol bedient sehr viele Attribute, die Bewohner und Räume in Harmonie bringen können.

Das Symbol verbindet die vier Elemente und zentriert. Das *Tor* öffnet für Neues. Nehmen wir Attribute von dem Donnergott *Thor* dazu, so stärkt er zum Beispiel folgende Eigenschaften: Tapferkeit und Stärke, Beständigkeit und Zuverlässigkeit, Ehrlichkeit und ein unkompliziertes Wesen, Intensität und Leidenschaft. Ganz klar geht aus den Überlieferungen hervor, dass ihm ambivalente Eigenschaften zugesprochen werden und er für die einen zerstörerisch,

mächtig und gewaltig war, für andere stand er dagegen für Fruchtbarkeit, Erneuerung und Glück. Zerstörerisch würde in dem Fall im übertragenen Sinne passen, da das Symbol Energien verändert – und das sehr stark. *Torr* schließlich ist eine Maßeinheit, die die Dinge ins Gleichgewicht bringt. Das ist genau das, was das Symbol macht: Es bringt Dinge, Emotionen, Gefühle und Seelenanteile ins Gleichgewicht.
Wir setzen das Bild, mittlerweile nennen wir es »Seelenschmeichler«, bei der Hausreinigung als Wandbild und Kissen ein sowie als Unterstützung der Energie zum Entdecken, Erfinden, Analysieren. Es fördert Durchsetzungsvermögen, Verantwortungsbewusstsein, Kreativität und Zentrierung.

Darüber hinaus wurden wir bei verschiedenen Kundenfeedbacks mehrfach auf das Horusauge hingewiesen, das für Bewusstsein und ganzheitliche Gesundheit steht. Es dient auch als Symbol der Regeneration sowie der Wiedergeburt und schult unbekannte Sinne.

Natürlich gibt es zahlreiche weitere Symbole, eines der bekanntesten dürfte wohl die Blume des Lebens sein. Ihre harmonische Geometrie übt auf viele eine starke Faszination aus. Ihre Kraft soll sich positiv auf Energiefelder auswirken, energetisieren und harmonisieren, und sie wird als Schmuck,

Wandbild, Teppich, auf Handtüchern und Wäsche sowie als Fensterbild und Untersetzer angeboten. Sie soll die Lebenskraft in Fluss bringen.

Darüber hinaus werden Sie zahlreiche weitere Symbole entdecken, bei denen es gilt, darauf zu achten, was Sie und Ihre Mitbewohner stärkt. Wir spüren in Räume hinein und lassen sie auf uns wirken. Dabei achten wir auf die Gefühle, die aufkommen, wenn wir uns in uns oder die Bewohner hineinversetzen, während wir gedanklich Veränderungen im Raum vornehmen. Manchmal braucht es nur ein Bild an der Wand, ein Kissen in der richtigen Farbe, ein Symbol am richtigen Ort – und die Energie verändert sich.

Es ist hilfreich, Vertrauen in seine emotionale Empathie zu haben, denn mit dem Verstand kann man diese Bereiche nur schwer bedienen. Dies gilt auch für alle anderen nachfolgenden Techniken.

Reiki

Nicht jeder, der spirituelle Hausreinigungen machen möchte, hat Interesse an Reiki. Dennoch gibt es viele, die es bereits praktizieren und anwenden möchten. Hilfreich ist es, den zweiten Reiki-Grad innezuhaben, da wir mit seiner Hilfe leicht Orte energetisch aufladen oder Raumenergien programmieren können.

Setzen Sie sich in einen Raum, in dem die Energie harmonisiert werden soll. Vielleicht nehmen Sie auf einem Stuhl oder Yogakissen Platz. Setzen Sie sich an den Ort, den Sie für stimmig halten. Das kann in einer Ecke sein, in der Mitte des Raumes oder an einer Wand. Konzentrieren Sie sich auf Ihre Hände und darauf, dass Sie so viel universelle Energie daraus in den Raum fließen lassen, bis dieser in Harmonie gebracht ist. Achten Sie auf feinste Wahrnehmungen in Ihrem Körper und beenden Sie die Sitzung, wenn keine Energie mehr zu fließen scheint.

Mithilfe des 2. Reiki-Grades können Sie gezielt Affirmationen wie »Harmonie«, »Ruhe«, »Frieden«, »Liebe«, »Gelassenheit«, »Konzentration« oder »Reinigung« – was auch immer in dem Raum gewünscht wird – unter Einsatz der Symbole SHK und CR programmieren, sogar über Raum und Zeit hinweg, wenn Sie noch das HS hinzunehmen. Meist dauert das Ganze ungefähr zehn Minuten.

Unterstützend kann man bei beiden Anwendungen visualisieren, wie sich der Raum mit Reiki/Licht füllt.

Es ist wirklich ganz simpel. Beobachten Sie selbst, wie es sich für Sie anfühlt, wenn Sie es anwenden.

Für mich, Sabine, ist Reiki eine »Darreichungsform« von Energie, und natürlich gibt es zahlreiche weitere Möglichkeiten. Wenn Sie eine andere Ausbildung genossen haben und Energiearbeit machen, dann probieren Sie die Technik doch einfach mit Ihrer Methode aus und spüren Sie selbst, ob Sie Ergebnisse verbuchen können.

Lichtsäule

Eine Lichtsäule lässt sich hervorragend mit Reiki aufbauen, aber auch unsere Visualisierungskräfte reichen dafür aus.

Nehmen Sie eine meditative oder entspannte Haltung ein. Konzentrieren Sie sich mithilfe von inneren Bildern auf den Raum, um den es geht oder in dem Sie sich befinden, und lassen Sie vor Ihrem inneren Auge eine Lichtsäule von der Erdmitte hinauf durch den Raum in das Universum aufsteigen. Stellen Sie sich mit inneren Bildern vor, wie diese Lichtsäule sich im Raum ausbreitet und den ganzen Raum mit strahlendem, reinem Licht erfüllt. Alles, was an schweren Emotionen und Energien im Raum ist, verwandelt es.

Sie können noch einen Schritt weiter gehen und nach Ihrem Gefühl auch Farben in das Licht geben. Vertrauen Sie auf Ihr Wissen und Ihre Weisheit, die Sie führt. Arbeitet man mit Farben, so sollte man Vertrauen in seine inneren Impulse haben. Zeigt sich Blau, so ist das eine eher kühle Farbe. Sie kann Klärung bringen, aber auch Ruhe. Rot dagegen ist Energie pur und Wärme. Orange wird Kreativität und Freude zugeschrieben, Grün Harmonie und Ausgleich. Gelb wirkt gut als Stimmungsaufheller für ein sonniges Gemüt. So hat jeder sicher noch mehr Charaktereigenschaften, die er mit Farben verbindet.

Oftmals wird auch die sehr bekannte »Arbeit mit der violetten Flamme« angewandt. Im Grunde können Sie die oben beschriebene Lichtsäule in violettes Licht verwandeln, denn der Farbe Violett wird eine stark transformierende und reinigende Kraft zugeschrieben.

Man kann Räume auch gut mit Kerzenlicht reinigen, und mit Reiki lassen sich Kerzen zudem programmieren. Wir können mit unseren mentalen Kräften oder Reiki so viel Energie aufbringen, dass die Kerze beim Abbrennen bestimmte Raumenergien freisetzt. Manch einem hilft die Kerze aber auch bei der Visualisierung der Lichtsäule. So können sich viele Menschen eine Lichtsäule leichter vorstellen, wenn sie die Energie der Kerze aufnehmen und dieses Licht vor ihrem inneren Auge immer mehr ausweiten, bis der ganze Raum von der transformierenden Kraft der Flamme eingenommen wird. Aber bitte nur vor dem geistigen Auge!!! Bitte nicht die Wohnung in Brand setzen! ☺

Klang

Wenn Worte und Taten die Energie in Räumen verändern können, wird klar, dass wir diese auch einsetzen können, um Räume zu reinigen und in Harmonie zu bringen. So können Sie Musik und Klänge für sich nutzen, um die Energie im Raum aufzuladen oder in Ruhe und Harmonie zu bringen. Viele Veranstalter lassen vor Beginn der Seminare Musik in ihren Räumlichkeiten laufen. Andere dagegen arbeiten mit Klangschalen oder Gongs, nicht nur für den Einsatz am Körper, sondern auch um die Raumenergie zu verändern.

Aber auch Stimmgabeln eignen sich dafür. Besonders gut gefällt uns der Einsatz der Stimmgabeln mit dem Namen »Moses Code«. Sie holen weniger die eigenen Themen hoch, harmonisieren aber sehr stark. Schlagen Sie die Stimmgabeln mit einem Anschlaginstrument oder am Knie an. Sie können die Schwingungen von der Mitte des Raumes ausströmen lassen oder Sie bewegen sich mit den schwingenden Stimmgabeln durch den zu reinigenden Raum.

Von Joachim Töpler mit seiner Firma Klangschwingung haben wir folgende Empfehlung übernommen. Zur energetischen Raumreinigung in schweren Fällen nimmt er sehr gerne die Engelstimmgabeln, und zur Raumharmonisierung und -energetisierung eine Kombination: c g, c d, c a miteinander angespielt. Er beschreibt die Vorgehensweise wie folgt: Sie halten g, d und a in der linken Hand und spielen diese mit c nacheinander an, so dass Sie vier Töne miteinander zum Klingen bringen und die Stimmgabeltöne durch Bewegung einen Obertonklangraum entstehen lassen. Abhängig davon, welche Art der Energetisierung gewünscht ist, kann durch Auswahl anderer Klangkombinationen auch eine eher erdende Schwingung oder eine leichte, inspirierende Schwingung in den Raum gebracht werden. (Die Kontaktdaten von Herrn Töpler finden Sie am Ende des Buches.)

Salz

Stellen Sie ein Schälchen mit Salz im Raum auf. Gehen Sie nach Ihrem Gefühl, ob Ihnen Speisesalz oder Meersalz angenehmer ist. Wenn Sie sich mental darauf einstellen, dass das Salz schwere Energien aus dem Raum aufnimmt, werden Sie sich hinterher befreiter fühlen. Salz besteht aus Kristallen, und Kristalle sind dafür bekannt, dass sie nicht nur Energie abgeben können, sie können auch Energie aufnehmen. Viele haben schon erlebt, dass Salzgrotten und Salinen unsere Atemwege befreien oder uns leichter atmen lassen, die Luft erscheint klar. Übertragen Sie diese Annahme mithilfe Ihrer geistigen Kräfte auf das Salz im Schälchen und spüren Sie, ob Sie eine wohltuende Wirkung wahrnehmen können.

Edelsteine/Heilsteine

Für die Veränderung der Raumenergien werden sehr häufig auch Edelsteine, Heilsteine oder sogar Steine, denen man augenscheinlich keine besondere Eigenschaft zuordnen kann, eingesetzt – intuitiv oder analog zu den Beschreibungen in Edelsteinbüchern.
Manche Heilsteine sind dafür bekannt, die Raumenergie positiv zu verändern. Meine Wahrnehmung ist, dass die Steine selbst Energie nicht abschirmen, aber unsere Energie so positiv verändern können, dass wir stärker sind und Negatives oder Belastendes besser kompensieren können.
Oftmals werden große Rosenquarze genommen, weil man ihnen nachsagt, dass sie bei Erdstrahlungen oder Elektrosmog helfen. Sie mögen meiner Ansicht nach Wirkung zeigen, jedoch habe ich durch Auspendeln auch schon festgestellt, dass sie unter Umständen so stark mit den unerwünschten Strahlungen aufgeladen waren, dass sie diese wieder abstrahlten. Die Steine hätten also in kurzen

Zeitabständen Reinigungen nötig, um die aufgenommene Energie wieder loszuwerden.
Neben dem Rosenquarz findet man auch über den Baryt Berichte, dass er unter anderem vor Erdstrahlen und Elektrosmog schützt. Bei Elektrosmog können Sie auch den Schungit nutzen. Probieren Sie aus, was Sie anspricht, und achten Sie auf Ihr Gefühl.
Ich arbeite kaum noch mit verschiedenen Steinen, da ich mit meinen Bergkristallen wunschlos glücklich bin. Je klarer der Bergkristall in seiner Struktur ist, desto besser speichert er Informationen ab. Dies ist auch der Grund, warum ich ausschließlich mit ihm arbeite. Wie lange diese Schwingungen im Stein verbleiben, hängt von seiner Aufgabe und der Intensität der Nutzung ab. Ich programmiere die Steine mithilfe von Reiki oder durch das Einschwingen mit dem Pendel oder Tensor. Wer bereits mit diesen Techniken arbeitet, hat so wunderbare Hilfsmittel an der Hand. Andernfalls lässt sich das Ganze mit einer Reiki-I- und Reiki-II-Ausbildung erlernen oder mit einer entsprechenden Ausbildung mit dem Pendel oder Tensor. Diejenigen, die bereits eine Reiki-II-Ausbildung absolviert haben, wissen, dass sie mithilfe der Symbole und Mantren Programmierungen vornehmen können. Man braucht aber in jedem Fall eine Technik, um Steine programmieren zu können, oder das Wissen um seine mentalen Kräfte. Ich will nicht ausschließen, dass es Menschen gibt, die Steine einzig und alleine dadurch programmieren können, dass sie

ihnen zentriert, konzentriert und fokussiert mithilfe ihrer Mentalkräfte eine spezielle Funktion zuordnen können. Auch die Pendeltechnik lässt sich nach meiner Erfahrung leider nicht auf die Schnelle vermitteln, es wäre ein Part für Pendelgeübte, also ein Fortgeschrittenenkurs.

Stellt man Steine im Raum auf, so nimmt man größere Steine, die sich optisch harmonisch in den Raum einfügen. Verlassen Sie sich bei der Suche nach einem geeigneten Platz auf Ihr Gefühl, und probieren Sie so lange die Standposition aus, bis es sich richtig anfühlt.

Reinigen Sie Ihre Steine ab und zu unter fließendem Wasser (die genannten Steine vertragen Wasser), denn damit werden sie entladen. Haben Sie Ihren Stein programmiert und möchten diese Programmierung löschen, so machen Sie dies auf die gleiche Weise, mit der sie ihn programmiert haben. War er nicht programmiert, so lädt er sich aufgrund seiner natürlichen »Heilprogrammierung«, die er von sich aus mitbringt, schneller mit Informationen auf. Hier unterstützt den Bergkristall eine Amethystdruse, die man auflegen kann. Der Reinigungsprozess kann bis zu einem Tag dauern.

Raumspray

Der japanische Parawissenschaftler Dr. Masaru Emoto hat sehr eindrucksvoll bewiesen, dass Wasser Informationen aufnimmt und ein Energieträger ist. Er hat mithilfe von fotografierten Eiskristallen gezeigt, dass diese sich in ihrer Struktur verändern – je nach Qualität der Informationen, die auf das Wasser trafen. Wenn Wasser Informationen aufnehmen kann, so können wir auch versuchen, dieses Wissen für unsere Zwecke zu nutzen. Wichtig ist auch hier, dass Sie die innere Offenheit dafür mitbringen. So können Sie ein Wasserbehältnis aufstellen und ihm die Aufgabe der Raumreinigung zuteilwerden lassen. Dies kann beispielsweise dadurch geschehen, dass Sie das Wasserbehältnis auf einen Zettel mit der Aufschrift »Raumreinigung« stellen. Die andere Möglichkeit wäre, sich ein Raumreinigungsspray selbst herzustellen und dieses zur Raumreinigung zu versprühen. Fühlen Sie, ob 10-20 Minuten für die Programmierung reichen oder ob Sie das Wasser länger auf dem Zettel stehen lassen sollten. Wichtig ist, dass

das, was Sie tun, konform mit Ihrem Inneren ist, denn wenn Sie sich innerlich sträuben, wird es keine Wirkung haben.
Ich reinige Räume überwiegend mit Reiki und/oder Räucherungen. Darüber hinaus setze ich mein empfangenes Symbol ein, dass Ulla und ich bis heute »Seelenschmeichler« nennen. Mithilfe des 2. Reikigrades gelingt es mir sehr gut, die Raumatmosphäre in einen für mich harmonischen Zustand zu versetzen. Ich habe das Glück, dass mein Mann gerne Räucherwerk mag, doch nicht jeder Kunde, der zu mir kommt, liebt diesen Geruch, und so versuche ich, möglichst neutral zu arbeiten.
Bei der Raumreinigung sind Ihrer Kreativität und Phantasie keine Grenzen gesetzt!

Die innere Reinigung

Sprechen wir von der spirituellen – der energetischen – Reinigung, so dürfen wir die innere Reinigung nicht vergessen. Ein indischer Yogi, der für ein Yogaevent Deutschland besuchte, bemerkte: »Ihr Europäer seid seltsam. Ihr duscht euch und wascht euren äußeren Körper. Was aber ist mit dem inneren Körper? Wann reinigt ihr den?« Während Inder täglich eine innere Reinigung zelebrieren – im Rahmen einer ayurvedischen Panchakarma-Kur wird jeden Morgen ein Kräutersud getrunken, der die innere Reinigung in Gang setzt –, ist dies für uns Europäer kein Thema.

Im Gegensatz zur äußeren Reinigung läuft die innere über die Sinne ab, beispielsweise der Geruchssinn ist massiv beteiligt. Ein Beispiel: Jeder von uns kennt Tage, an denen man morgens wach wird und sich melancholisch bis depressiv fühlt. Eine Schwere und Trauer liegen auf allem, was wir tun. Gehen Sie an einem solchen Tag in ein Blumengeschäft und kaufen Sie sich einen bunten Blumenstrauß. Beobachten

Sie, was sofort mit Schwere, Trauer und Melancholie passiert: Sie sind wie weggeblasen. So vollzieht sich die innere Reinigung über das Riechen und das Sehen. Hier geht es um »Sinnen-Kommunikation« auf einer nichtrationalen Ebene. Es ist die energetische, die spirituelle Dimension, auf der Austausch stattfindet.

»Spirituell« heißt im Übrigen: das, was von innen kommt. Was tief in uns verwurzelt ist, wofür wir geboren sind und nach dem wir suchen. Unsere innersten Werte. Es sind Respekt, Ehrlichkeit, Transparenz, Harmonie, Achtung und Liebe. Diese Werte sind die Basis unseres Seins, allen Seins. Gerüche sind pure Gefühle. Sie begleiten uns von Anbeginn der Menschheit an und wir reagieren archetypisch auf sie, im Reich des Unbewussten. Gerüche gelangen direkt, ohne Umwege, in das Zentrum unseres Bewusstsein und zeigen dort sofort ihre Wirkung. So verbinden wir bestimmte Gerüche mit Erinnerungen aus unserer Kindheit: Der Geruch von Tannennadeln, gemischt mit dem feinen Duft von Bienenwachs, lässt uns in freundliche Wärme gleiten und Erinnerungen an die Weihnachtsfeste unserer Kindheit wach werden.

In der Meditation wie auch bei der Hausreinigung steht der Weihrauch in der vordersten Reihe. Auf der einen Seite stärkt seine Ähnlichkeit mit Kampfer unsere Willenskraft, die wir beim Meditieren brauchen; denn wir wollen unsere Denkmuster verlassen, in uns ruhen und unseren Geist beruhigen. Das entspricht keinesfalls unserer täglichen Routine. Auf der anderen Seite lässt Weihrauch uns langsamer atmen und erleichtert es uns so, in die Ruhe zu kommen, Gelassenheit zu spüren. So erreichen wir die tiefe Spiritualität, die wir in der Meditation genau wie im Gebet brauchen. In Momenten der Kraftlosigkeit, wenn wir uns verloren fühlen, ausgelaugt, schmerzvoll, mutlos und überladen, erwacht die Sehnsucht, in einen Wald zu gehen. Am besten nach einem kühlenden, intensiven Sommerregen. Hier empfängt uns der Geruch von Moos. Er holt uns zurück ins Hier und Jetzt, in die Realität. Damit wird die Illusion, der wir erlegen waren, vertrieben und gleichzeitig auch die Enttäuschung. Unsere Seele kommt zur Ruhe, und wir sehen wieder klar. Wir können uns leichter von Wunschvorstellungen, von dem, was hätte sein können, verabschieden.

Wenn wir eine Erkältung spüren, greifen wir gerne zu Salbeibonbons, die unserem rauen Hals guttun. Der Salbei ist die Pflanze der Weisheit. Weisheit stärkt das gesunde Denken und vertreibt die Zweifel, vor allem die Selbstzweifel. Ist unser Halschakra blockiert, gibt es etwas, das ausgesprochen werden muss; wir trauen uns aber nicht aus Angst oder Selbstzweifel. Sobald diese Zweifel vom Salbei vertrieben werden, werden auch unsere Sinne wieder geschärft und wir erinnern uns an unsere Einmaligkeit. Sobald das Unsagbare ausgesprochen ist, fühlen wir uns wohler.

Stellen wir uns einen bunten Blumenstrauß zusammen:

> Da haben wir die Schafgarbe, die unseren Geist fröhlich stimmt und für inneres Gleichgewicht sorgt. Indem ihr Duft die Harmonie fördert, ist sie auch ein Konfliktlöser.
>
> Wir erweitern den Strauß um Lavendel, der uns munter macht und frisch. Er reinigt unseren Geist und vertreibt Kummer, Angst und Sorgen.
>
> Die weiße Ergänzung bringt uns die Kamille mit ihrem Duft, der innere Ausgeglichenheit fördert, uns Ruhe bringt und unsere Klarheit fördert.
>
> Zum Schluss kommt noch die Mimose hinzu, die uns Glück verspricht. Sie nimmt uns die Trauer und gibt uns Freude und Lebenskraft. Weiterhin fördert sie die Kommunikationsbereitschaft.

Dieser Strauß vertreibt trübe Gedanken und Melancholie und schickt uns mit seinem Duft in die Leichtigkeit. Er lässt uns durch die Freude und Lebenskraft, die uns entgegenströmen, in den Müßiggang gehen, und wir können das Leben genießen, frei von Sorgen und Grübeleien. Eine enorme innere Reinigung!

Wir alle wissen, dass die Rose das Symbol der Liebe ist und für Gefühle und Emotionen steht. Sie begünstigt auch die Kreativität und die Eigeninitiative. Mit diesen beiden

Eigenschaften reinigen wir uns von der Schwere, der Last und dem Gefühl steckenzubleiben. Gleichzeitig baut sich unser Selbstwertgefühl auf, wir sind neugierig und beginnen, neue Projekte zu planen.

Jedes Jahr, wenn die »dunkle Zeit« kommt, sind Südfrüchte wie **Mandarinen, Orangen und Zitronen** in fast jedem Haushalt zu finden. Der Geruch, den diese Früchte verströmen, ist frisch und spritzig. Sie tragen dazu bei, dass die Schwere der Winterzeit etwas abgemildert wird. Der Duft verleiht uns Leichtigkeit und erhöht damit unser Denkvermögen.

Wie der Name schon sagt, handelt es sich bei der energetischen Reinigung um ein Clearing, um die Harmonisierung von Energien. Jedes Streitgespräch, jede Kritik hinterlässt Spuren. Diese negativen Schwingungen verbreiten sich in den Räumen und beeinflussen die Wohn- und Wohlfühlatmosphäre. Um beidem gerecht zu werden, ist sowohl die äußere sowie die innere energetische Reinigung notwendig.

Exkurs:

Energetische Reinigung in Geschäftsräumen, Büros und Praxen

Wie wir bereits beschrieben haben: Alles ist Energie. Sowohl das, was wir tun, als auch das, was wir sagen und fühlen, ist Energie, die wir nach außen abgeben. Wir strahlen sie aus, und unsere Umgebung nimmt diese Energie wahr. Das gilt für unseren persönlichen Bereich und natürlich auch für unser Berufsleben, es gilt in unserem Wohnzimmer genau wie in unserem Büro. Bestimmt haben Sie bei einem Kollegen, als er zur Tür hereinkam, auch schon einmal gedacht: ›Was hat denn der heute für eine Laune?!‹

In der Businesswelt sprechen wir von der internen Kommunikation, das ist das, was im Unternehmen kommuniziert wird, und von der externen Kommunikation, das ist das, was mit Kunden, Klienten usw. kommuniziert wird. Ganz wichtig ist aber auch die dritte Kommunikationsweise: die schweigende Unternehmenskommunikation! In unseren Firmenanalysen hören wir immer wieder: »Bei uns im Unternehmen wird nicht kommuniziert. Ich wünsche mir mehr Kommunikation.«

Wächst ein Unternehmen in kurzer Zeit immens, bleibt die Kommunikation meist auf der Strecke. Es gibt einfach keine Zeit mehr, sich auszutauschen. Liegt es wirklich an der Zeit? Oder sind es einfach die Prioritäten, die falsch gesetzt werden? Leidet aber die interne Kommunikation, so besteht die schweigende, die still zwischen den Mitarbeitern kommuniziert wird, meist aus Vorwürfen, Verurteilungen, Beschwerden, Neid usw.

Für das Betriebsklima ist es ungeheuer wichtig, die Firmenräume regelmäßig einer energetischen Reinigung zu unterziehen, damit all die angestaute Negativität aufgelöst wird.

Bei der energetischen Reinigung in Businessräumen muss beachtet werden, dass mit den Räumen des Inhabers bzw. Geschäftsführers begonnen wird. Wie in der Unternehmensführung (Leadership) ist es auch bei der energetischen Beurteilung so, dass der Chef bzw. Inhaber immer als Vorbild für alle Angestellten dient. Er oder sie ist das Leitbild für das Verhalten aller Mitarbeiter, ob bewusst oder unbewusst. Wenn die (energetische) Ausrichtung von oben her stimmt, kann auch das Unternehmen mit all seinen Mitarbeitern wieder effektiver, da »entstörter« arbeiten.

Anhang

Pendeltafeln

Pendeltafeln

Für alle Leser, die gerne Pendelarbeit betreiben oder kinesiologisch testen, haben wir noch ein paar Testlisten erstellt. Sollten Sie »Fehler« testen, so bedeutet dies, dass Sie entweder nicht testfähig sind oder die Frage falsch gestellt haben. Wer bereits Pendelbücher von Sabine besitzt, findet in diesen weiterführende Informationen zu den möglichen Fehlerquellen. Hier haben wir es allgemein gehalten, um das Thema nicht zu sehr zu vertiefen.
Mit den folgenden Testlisten können Sie (einen) Hinweis(e) bekommen, wie sich die Energie durch den Einsatz des von Ihnen gewählten Hilfsmittels (Räucherwerk, ätherisches Öl o. Ä.) verändert. (Bedenken Sie bitte, dass die Methode auf jeden Bewohner oder Nutzer anders wirken kann!)

Wirkung der gewählten Reinigungsmethode auf den Raum/den Nutzer des Raumes:

1. Angstlösend
2. Anregend
3. Antiseptisch
4. Aphrodisierend
5. Aufheiternd
6. Ausgleichend
7. Befreiend
8. Belebend
9. Beruhigend
10. Entkrampfend
11. Entspannend
12. Erfrischend
13. Erwärmend
14. Gedächtnisstärkend
15. Gibt Antriebskraft
16. Harmonisierend
17. Konzentrationsfördernd
18. Kreativitätsfördernd
19. Löst seelische Verkrampfungen
20. Luftreinigend
21. Nervenstärkend
22. Optimismus fördernd
23. Stabilisierend
24. Stimmungsaufhellend
25. Wärmend
26. Wohltuend
27. Fehler
28. Andere

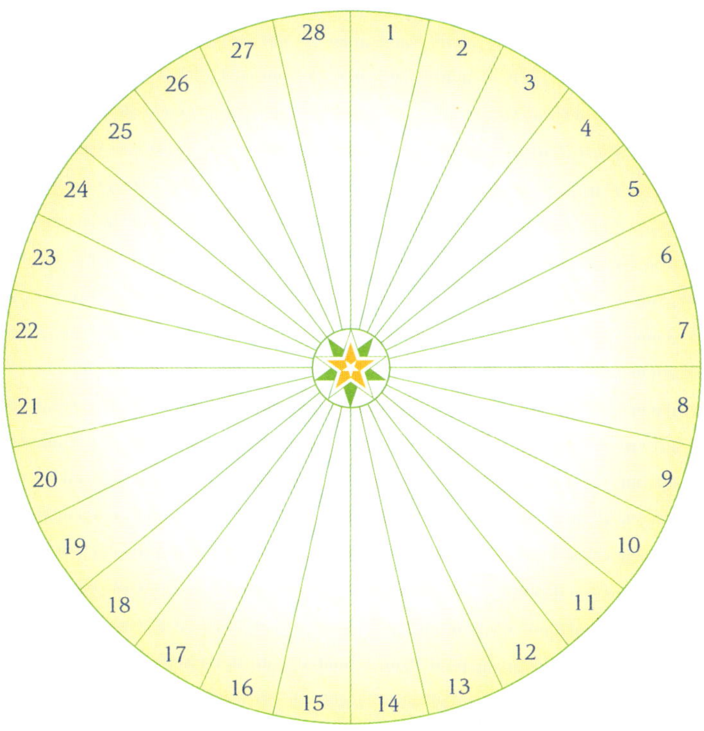
28
1
2
3
4
5
6
7
8
9
10
11
12
13
14
15
16
17
18
19
20
21
22
23
24
25
26
27

Vorhandene und zu transformierende Energien (Testliste 1):

1. Abscheu
2. Aggressionen
3. Allgemeine Erschöpfung
4. Allgemeine Überbelastung
5. Angst
6. Anspannung
7. Antriebsschwäche
8. Ärger
9. Appetitlosigkeit
10. Besessenheit
11. Besorgnis
12. Einsamkeit
13. Ekel
14. Emotionale Verletzungen
15. Erschöpfung
16. Gereizte Nerven
17. Groll
18. Hoffnungslosigkeit
19. Hysterie
20. Innere Leere
21. Interesselosigkeit
22. Kommunikationsmangel
23. Konzentrationsmangel
24. Konzentrationsstörungen
25. Kopfschmerzen
26. Kummer und Sorgen
27. Lampenfieber
28. Langeweile
29. Fehler
30. Andere

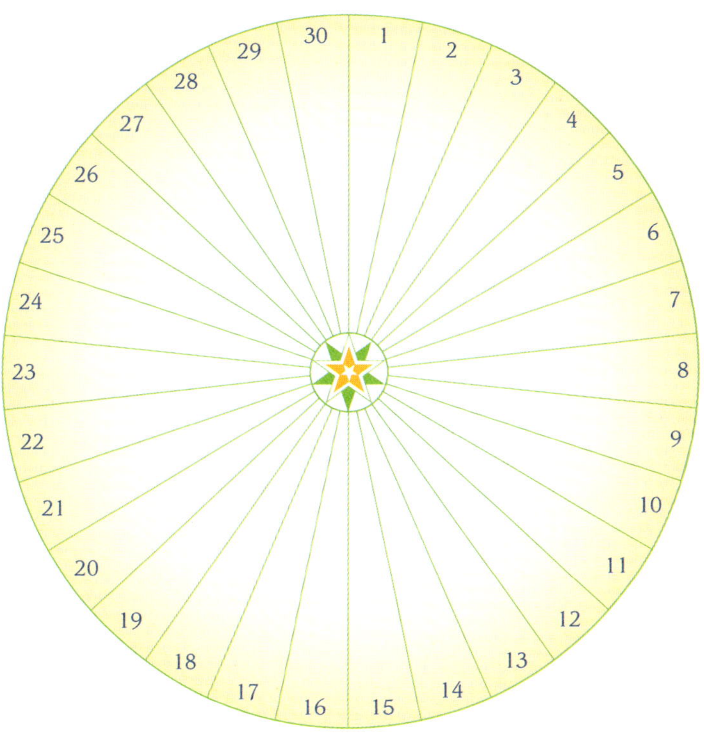
30
1
2
3
4
5
6
7
8
9
10
11
12
13
14
15
16
17
18
19
20
21
22
23
24
25
26
27
28
29

Vorhandene und zu transformierende Energien (Testliste 2):

1. Lernschwierigkeiten
2. Lustlosigkeit
3. Melancholie
4. Migräne
5. Müdigkeit
6. Neid
7. Nervöse Erschöpfung
8. Nervosität
9. Niedergeschlagenheit
10. Panik
11. Paranoia
12. Reizbarkeit
13. Schlaflosigkeit
14. Schock
15. Schwermut
16. Schwindel
17. Sexuelle Schwierigkeiten
18. Sorgen
19. Stimmungs-schwankungen
20. Traurigkeit
21. Unruhe
22. Unterdrückter Ärger
23. Verdruss
24. Verstimmung
25. Verstörtheit
26. Verwirrung
27. Wut
28. Zorn
29. Zurückgezogenheit
30. Fehler
31. Andere

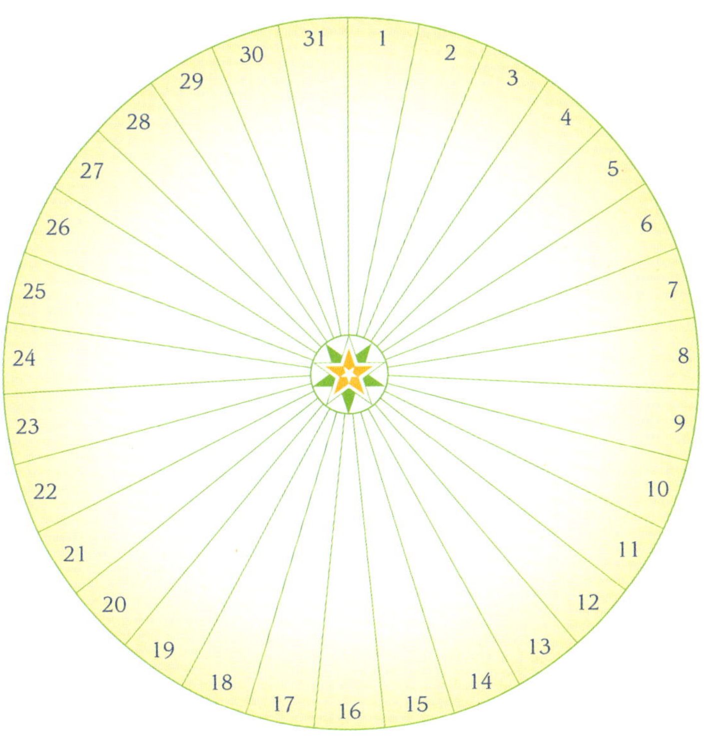
31
1
2
3
4
5
6
7
8
9
10
11
12
13
14
15
16
17
18
19
20
21
22
23
24
25
26
27
28
29
30

Das ausgewählte Räucherwerk, die ausgewählte Methode oder das ätherische Öl unterstützt:

1. Akzeptanz
2. Anregung
3. Belebung
4. Beruhigung
5. Entspannung
6. Erfrischung
7. Freude
8. Gelassenheit
9. Meditation
10. Harmonie
11. Hingabe
12. Kommunikationsfähigkeit
13. Mut
14. Selbstvertrauen/Selbstwert
15. Stimulation
16. Vertrauen
17. Fehler
18. Anderes

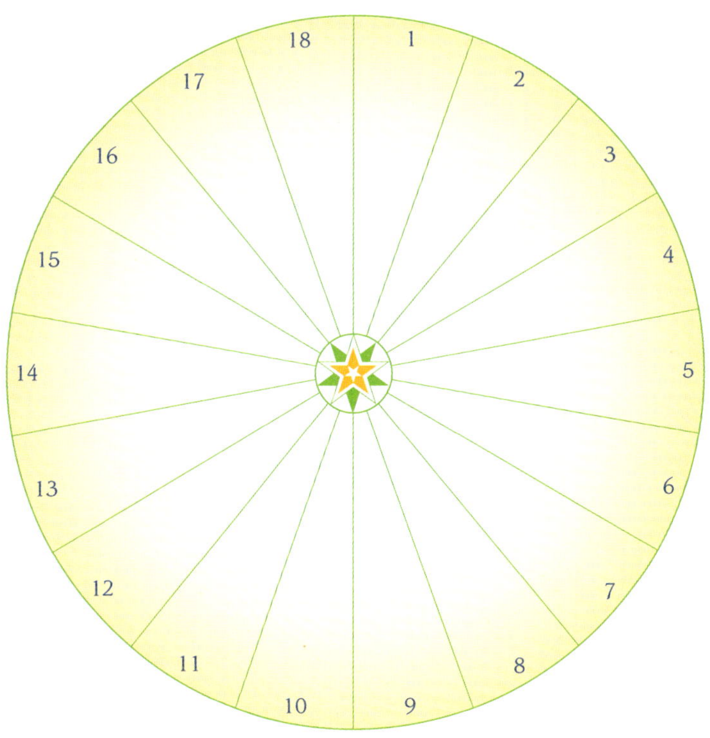
18
1
2
3
4
5
6
7
8
9
10
11
12
13
14
15
16
17

Literaturhinweise und weiterführende Literatur

Christine Fuchs, *Räuchern mit heimischen Kräutern*, Kosmos Verlag 2016

Sabine Kühn, *Einstieg in die Geomantie*, Silberschnur Verlag 2016

Sabine Kühn, *Pendeln für Einsteiger*, Silberschnur Verlag 2014

Sabine Kühn, Andrea Hülpüsch, *Das Praxisbuch des Pendelns*, Silberschnur Verlag 2018

Kontakt

Sabine Kühn arbeitet als Reiki- und Aura-Lehrerin, als Aura-Fotografin, Pendel- und Rutengeherin sowie als Geomantin mit dem Schwerpunkt Wohnraumharmonisierung und Störfeldsuche. Die Autorin lebt in Frankfurt. www.chiandmore.com

Ulla Knoll ist Coach, Seminarleiterin und Autorin zu Themen wie Quantum-Denken und Emotionale Intelligenz, wobei sie Fähigkeiten wie Visualisation, Intuition, holistisches Denken und Traumarbeit in ihre Arbeit mit einbezieht. www.ullaknoll.de

Joachim Töpler www.klangschwingung.de

288 Seiten, 2-farbig,
Spiralbindung, Hardcover
ISBN 978-3-89845-557-2
€ [D] 25,00

Sabine Kühn & Andrea Hülpüsch

Das Praxisbuch des Pendelns

Mit 116 Pendeldiagrammen für Entscheidungsfragen

»Das Praxisbuch des Pendelns« bietet Lösungshilfen für nahezu jedes Problem, egal ob es sich um Fragen zur Gesundheit, der Familie, der Beziehung oder der Arbeit handelt.
Die Autorinnen erklären den richtigen Umgang mit dem Pendel, für welche Fragestellungen es geeignet ist und wie man sie am besten formuliert. Ob Sie wissen möchten, wie Sie Allergien in den Griff bekommen, wie Sie den Wohnraum harmonisieren oder welche Blockade noch in Ihrem Weg liegt, dieses Buch ermöglicht es Ihnen, sofort die Lösung zu finden, die Sie in Ihrem Alltag weiterbringt ...

168 Seiten, mit Abbildungen,
broschiert
ISBN 978-3-89845-449-0
€ [D] 6,95

Sabine Kühn

Pendeln für Einsteiger

Pendel & Tensor

Ein praktischer Einstieg in die Arbeit mit Pendel und Tensor, der Ihr Leben bereichert.
Pendel und Tensoren sind wertvolle Hilfsmittel, die Ihnen helfen, sich mit Ihrem Unterbewusstsein in Verbindung zu bringen, bisher Verborgenes zu entdecken und mehr über sich zu erfahren.
Die erfahrene Pendel-Lehrerin Sabine Kühn bietet einfache Anleitungen, praktische Pendelübungen, Testlisten und Diagramme, mit denen Sie schnell und einfach in die Pendelarbeit einsteigen können. Nutzen Sie Pendel und Tensor, um Ihre Persönlichkeit, Ihr Wachstum und damit Ihre spirituelle Entwicklung zu fördern oder auch um Lebens- und Heilmittel für sich zu testen.

208 Seiten, broschiert
ISBN 978-3-89845-556-5
€ [D] 14,95

Sabine Kühn & Ulla Knoll

Fallstricke auf dem spirituellen Weg

Finde deine Balance

Stolpersteine auf dem Weg zur Erleuchtung
Spiritualität ist eine wertvolle Lebenshilfe, doch viele Menschen verstricken sich auf der Suche nach Erleuchtung im Dschungel von Seminaren und anderen Angeboten.
Die erfahrenen Autorinnen zeigen die verschiedenen Facetten auf, unter denen Spiritualität angeboten wird, und analysieren die »25 Fallstricke«, in denen sich ein spirituell Suchender verfangen kann. Auf nachdrückliche und oft auch humorvolle Weise geben sie dem Leser so die Möglichkeit, bereits erworbenes Wissen für sich selbst noch einmal auf weiteres Wachstumspotenzial hin zu prüfen.

160 Seiten, durchg. farbig, broschiert mit abger. Ecken
ISBN 978-3-89845-525-1
€ [D] 11,00

Sabine Kühn

Einstieg in die Geomantie

Die Kraft des Lebensraumes nutzen

Sabine Kühn bietet einen leichten Einstieg in die Geomantie und zeigt Ihnen, wie Sie Energien wahrnehmen und bestimmen können und die Qualität einer Gegend oder eines Lebensraumes erkennen. Sie lernen, Disharmonien zu erkennen und wieder in die richtige Schwingung zu bringen – in Einklang mit dem, was der Ort braucht.
Für die Anwendung in Ihrem eigenen Zuhause bietet Sabine Kühn praktische und erprobte Anleitungen, um Ihre Wohnraumenergien zu verändern, bis Sie sich wohlfühlen.

160 Seiten, mit Illustrationen, broschiert
ISBN 978-3-89845-380-6
€ [D] 6,95

Horst Oberle

Die Kraft der Klangschalen

Vor einigen Jahren waren sie noch unbekannt, heute kennt sie fast jedes Kind: Klangschalen. Dieses Buch wurde speziell für Anfänger konzipiert, die eine fundierte Einführung in die Welt der Klangschalen suchen und Wert legen auf leicht nachvollziehbare, praktische Beispiele. Der Autor erklärt neben der Herkunft und Anwendungsweise der Klangschalen die heilende Wirkung von Klängen sowie die therapeutische Anwendung der Schalen bei Verspannungen, Blockaden oder um den ganzen Körper wieder zu harmonisieren. Kommen Sie wieder in Einklang mit sich selbst.

224 Seiten, broschiert, inklusive 16 Seiten Farbteil
ISBN 978-3-89845-270-0
€ [D] 12,90

Olivia Moogk

Feng Shui auf 68m²

Harmonie auf kleinstem Raum

Je kleiner die Wohnung, desto wichtiger ist es, sie nach dem individuellen Element des Feng-Shui mit Farben, Pflanzen, Bildern und der Möblierung so einzurichten, dass Glück, Harmonie und Wohlstand die natürlichen Folgen sein werden. Olivia Moogk leitet Sie in diesem Buch an, grundlegende Einrichtungsmaßstäbe sowie Ideen des Feng-Shui umzusetzen, um so die Gestaltung Ihres Zuhauses nach den Himmelsrichtungen, den Elementen oder den chinesischen Tierkreiszeichen auszurichten. Ein praktischer Ratgeber für alle, die nach neuen Erkenntnissen suchen, um in ihren vier Wänden harmonisch leben, statt nur wohnen zu können ...

208 Seiten, mit 8 farbigen Seiten, broschiert
ISBN 978-3-89845-237-3
€ [D] 14,90

Anne Givaudan & Dr. med. Antoine Achram

Gedankenformen und ihre Auswirkungen

Eines der revolutionärsten Bücher zum Thema Gedankenkraft! Die Autorin macht eindringlich klar, wie eine Gedankenform funktioniert, wie sie entsteht und wie sie wirkt, insbesondere aber, wie wir ihren Einfluss auf uns mindern können.
Gedankenformen können uns ersticken oder uns dynamisieren – sie erkennen und sich ihrer Rolle bewusst zu werden, das ist der erste Schritt zu einer wahren »Transformation«; diesen Schritt nun erleichtert dieses Buch mit seinen umfassenden und doch verständlichen Erläuterungen.

224 Seiten, durchg.farbig, broschiert
ISBN 978-3-89845-406-3
€ [D] 19,95

Seena B. Frost

SoulCollage® – Kreativbilder deiner Seele

Das neuartige Arbeitsbuch zur Selbstfindung

SoulCollage® ist die neue, sehr kreative Art, sich selbst besser kennenzulernen. Alles, was Sie dafür brauchen, sind eine Schere, Fotos oder ein paar Magazine und Klebstoff. Seena B. Frost hat mit SoulCollage® eine ungewöhnlich individuelle Methode entwickelt, um Bilder Ihrer Seelenlandschaften zu schaffen.
Die kreierten Seelencollagen spiegeln unseren ganz persönlichen Archetypus wider und geben uns die Möglichkeit, unserer eigenen, intuitiven Weisheit zu lauschen, die durch die Bilder der Karten auftaucht. Und so entdecken wir unsere Seele mit ihren Schatten sowie ihren angeborenen Fähigkeiten und können unsere Ziele im Leben erfolgreich verfolgen.

Weiterführende Informationen zu
Büchern, Autoren und den Aktivitäten
des Silberschnur Verlages erhalten Sie unter:
www.silberschnur.de

Natürlich können Sie uns auch gerne den
Antwort-Coupon aus dem beiliegenden
Lesezeichenflyer zusenden.

Ihr Interesse wird belohnt!